——新课程背景下教师必备基本功

课堂教学方法

的变革

KETANGJIAOXUEFANGFA
DEBIANGE

赵慧君◎主编

吉林文史出版社

图书在版编目(CIP)数据

课堂教学方法的变革 / 赵慧君主编 . ——长春：
吉林文史出版社，2012. 11 (2021. 6重印)
(新课程背景下教师必备基本功系列)
ISBN 978 - 7 - 5472 - 1291 - 2

Ⅰ. ①课… Ⅱ. ①赵… Ⅲ. ①课堂教学 - 教学法 - 中
小学 Ⅳ. ①G632. 421

中国版本图书馆 CIP 数据核字 (2012) 第 263567 号

新课程背景下教师必备基本功系列

课堂教学方法的变革

KETANG JIAOXUE FANGFA DE BIANGE

编著/赵慧君
责任编辑/高冰若
封面设计/小徐书装
出版发行/吉林文史出版社
地址/长春市福祉大路5788号
邮编/130118
网址/www. jlws. com. cn
印刷/三河市燕春印务有限公司
开本/710mm×1000mm 1/16
印张/14 字数/150千字
版次/2013年1月第1版 2021年6月第3次印刷
书号/ISBN 978 - 7 - 5472 - 1291 - 2
定价/39. 80 元

前　言

　　我国新一轮基础教育新课程改革明确提出：教师在教学过程中应与学生积极互动、共同发展，要处理好传授知识与培养能力的关系，注重培养学生的独立性和自主性，引导学生质疑、调查、探究，在实践中学习，促进学生在教师指导下主动地、富有个性地学习。由此可见，学生学习方式的转变是新一轮基础教育课程改革的"亮点"之一，而教师的教学方法与学生的学习方式密切相关，变革教师的教学方法是学生学习方式转变的必要条件。同时教学方法的变革也是我国基础教育新课程改革和实施素质教育的显著特征之一。

　　长期以来，我国中小学课堂教学方法比较单一，具体表现为以教师讲授为主，"填鸭式"和"灌输"似乎成为教师们惯用的教学方法。其结果是课堂教学机械、沉闷和程式化，缺乏生气与乐趣，导致了学生在学习时只能采用被动的、接受式的学习方式去记忆教师讲授的固定知识，而不能自主探究、讨论和发现新知识，自己主动寻求问题的答案。教师要重新思考学生的角色，把学生作为学习的主体来看待。学生不是消极接受知识的"容器"，不是张开口袋等待灌注的知识回收站，而是有待点燃的"火把"，教学面对的是一个个富有个性、具有独特精神生活方式和经验的学生；教学要促进学生发展，就不能无视学生的存在，尊重学生主体性，促进学生个体性发展。

　　《课堂教学方法的变革》是一本字数不多的小册子，我们的编写宗旨是为中小学第一线教师"继续教育"提供资源方面的支持和帮助，试图让广大的中小学教师从全局的高度、当代的视角和继承与创新的基础上，辩证地、灵活地把握教学方法，领会其精神实质，从而更新教学观念，调整和修正自己的教学方法，真正达到变革教学方法的目的。

在编写过程中我们坚持了实用、通俗和理论联系实际的原则。即从理论上全方位地介绍了教学方法的涵义、发展历程、性质、特点、中小学常用的课堂教学方法和丰富多彩的现代教学方法，又从当前中小学课堂教学方法变革的必要性、理论基础和基本策略等方面进行了介绍。为了便于中小学教师们更好地消化和理解有关教学方法的理论知识，我们又尽可能地在介绍理论的同时配有一些典型的、相关的、丰富的案例。

本书各章具体撰写人如下：第一章　教学方法的实质——张洪洁；第二章　中小学常用的课堂教学方法——张洪洁；第三章　课堂教学方法的变革——赵慧君；第四章　丰富多彩的现代课堂教学方法——丛明慧。

在本书编写过程中，我们参考了许多文献资料，虽然都尽可能地做了标注，但还是远远不够，在此对这些文献的作者表示最诚挚的感谢。由于编写人员水平有限，加之时间仓促，本书尚有许多不足之处，恳请专家和教师们批评指正。

编　者

2012年10月

目　录
contents

第一章 教学方法的实质

新中国成立后，我国基础教育课程建设取得了辉煌的成就。迄今为止，我国先后经历了八次改革。我国新一轮的基础教育课程改革是在各国课程改革的潮流中进行的。这次改革充分研究了英国、美国、法国等世界主要发达国家80年代以来的教育与课程改革经验。随着基础教育的改革，产生了新的课程理念、课程目标和课程内容。归根结底，就是如何使课程与教材成为学生发展和学习的资源，而解决这一问题的关键就是教学方法。教学方法将教师、学生、教学内容紧密联系在一起，是学生获得知识的桥梁。因此教学方法是教学中不可忽略的一个重要因素。要更好地丰富课堂教学理论，提高课堂教学效果，就必须从课堂教学方法入手。

第一节 教学方法的概念

2001年教育部颁布《基础教育课程改革纲要(试行)》，对我国基础教育提出了新的挑战，"改变课程实施过于强调接受学习、死记硬背、机械训练的现状，倡导学生主动参与、乐于探究、勤于动手，培养学生搜集和处理信息的能力、获取新知识的能力、分析和解决问题的能力以及交流与合作的能力"，"教师应尊重学生的人格，关注个体差异，满足不同学生的学习需要，创设能引导学生主动参与的教育环境，激发学生的学习积极性，培养学生掌握和运用知识的态度和能力，使每个学生都能得到充分的发展"。课程的实施依靠教学方法，教学方法为新课程改革的执行提供保证。教学方法不仅仅是单纯的方法，它既是一门科学，也是一种艺术。

一、教学方法的界定

教学方法是教学的下位概念，在界定教学方法之前，先要清楚教学的概念。

教学是由教、学两个字组成。《说文解字》中解释为："教，上所施下所效也"；学，原为敩，"觉悟也"。[1]"教"含有传授和接受之意，"学"则有感受和所得之意。另一种说法认为："学是学教师所教，教是教人学习；教须就学者基础不断扩大其见识；学须根据教者引导而自觉思考求索"。[2]在英文里，"教"用"teaching"表示，"学"用"learning"表示。综合起来说，教学就是教师教、学生学的活动，是学生在教师指导下，掌握文化科学知识和技能，发展能力，增强体质，形成思想品德的教育活动。[3]教学是教师与学生共同参与的活动，是教师教学生认识世界的活动，是促进学生发展的活动。教学中的教与学，二者是辩证统一的关系，一方得到发展，则会影响并且促进另一方的发展，正如我国战国后期《学记》中提到的"教学相长"。教学实现了人类的发展，人类对世界的认识，对人类文化的传承。

教学与教育是相互联系又有区别的两个概念。早在我国的商代，甲骨文上就有"教"和"育"的象形文字。把"教"和"育"放在一起使用的是我国战国时期的孟子。《孟子·尽心上》中提到："君子有三乐，而王天下者不与存焉。父母俱存，兄弟无故，一乐也；仰不愧于天，俯不怍于人，二乐也；得天下英才而教育之，三乐也。"在西方，英语的"education"来源于拉丁文中的

---

[1] 臧克和、王平校：《说文解字新订》，中华书局，2002年版，第205～206页。

[2] 王策三：《教学论稿》，人民教育出版社，1985年版，第87、92页。

[3] 王本陆：《课程与教学论》，高等教育出版社，2004年版，第138页。

"educare"，有"引出"的意思，因此"教育"在西方表示引发儿童内在潜能，使之变为现实[1]。西方教育家卢梭认为："教育赋予我们在出生时所缺乏的一切和我们作为人所需要的一切。"裴斯泰洛齐认为："教育是人的一切智能和才性的自然的、循序的、和谐的发展。"从逻辑角度来看，教学与教育是部分与整体的关系。教育的范畴更广阔，它包括学校培养人的全部工作，除了教学外，还包括课外活动、实践活动等，而教学只是学校进行教育的途径之一，因此教学是教育的一部分，教学并不等于教育。

那么，"方法"的概念又是什么呢？《孟子集注》中提到："事必有法，然后可成。""方法"一词的英语是"method"，这个词来源于希腊文"metodos"，意思是沿着一定的路径前进，就是以一定方式或程序开展活动，从而达到目的的意思。对于方法这个词，不同的领域有不同的界定。从哲学角度来看，方法是人们认识世界和改造世界所应用的方式和手段，是根据研究对象的运动规律，从实践和理论两方面掌握现实的一种形式。从心理学角度来看，方法是个体的人自主控制的行为程序。正如前苏联哲学家科普宁所说："方法不能规定为客观世界存在的某种东西，方法就是指人在认识和实际行动过程中应该怎么办。"从活动方面来讲，方法是达到某种目的、完成某种操作的活动形式或一整套方式。因此，方法具有两个特征：一个是方法具有明确的目的性、目标性，另外一个是方法具有可调节性。可见，方法实质就是一种运动规律的规定性和活动模式，它规定人们按一定的模式去活动[2]。

教学方法是教学和方法的结合吗？究竟什么是教学方法？人们对教学方法的认识不同，对教学方法概念的厘定也莫衷一是。一种观点认为教学方法是指教师在教学过程中为了完成教学任务所采用的工作方式和在教师指导下的学生的学习方式[3]。

---

[1]　冯建军：《现代教育学基础》，南京师范大学出版社，2003 版，第 84 页。

[2]　陆兴发：《教学方法：界定与选择的策略》，《内蒙古师范大学学报》，2002 年第 2 期。

[3]　上海师范大学编：《教育学》，人民教育出版社，1979 年版，第 156 页。

另一种观点认为教学方法是教师为完成教学任务所采用的手段。[1]著名教育家王策三认为"为达到教学目的，实现教学内容，运用教学手段而进行的，由教学原则指导的，一整套方式组成的，师生相互作用的活动"[2]。在王道俊、王汉澜主编的《教育学》中认为"教学方法是为完成教学任务而采取的办法。它包括教师教的方法和学生学的方法，是教师引导学生掌握知识技能，获得身心发展而共同活动的方法"[3]。李秉德认为"教学方法是在教学过程中教师和学生为实现教学目的、完成教学任务而采取的教与学相互作用的活动方式的总称"[4]。以上是我国具有代表性的观点。

关于教学方法概念的界定，国外学者也无定论。有学者认为教学方法是教师为达到教学目的而组织和使用教学技术、教材、教具和教学辅助材料以促成学生按照要求进行学习的方法[5]。另一种观点认为教学方法是指教师的工作方式和由教师领导的学生的工作方式，借助这些工作方式，可以使学生掌握知识、技能和技巧，还可以形成他们的共产主义世界观和发展他们的认识能力[6]。孔德拉秋克的《教学论》认为："教学方法是教师和学生进行的一系列有明确方向的，符合教学目的、教材内容、科目实质、学生教育程度和智力发展水平的行动。"巴班斯基主编的《教育学》认为："教师和学生在教学过程中为解决教养、教育和发展任务而展开有程序的、相互联系的活动的办法，就称为教学方法。"

综上所述，各位教育家的观点虽然不完全一致，但是大致上都赞同教学方法是一种方法，是完成教学活动、促进学生全面发展的方式。

[1] 华中师范学院等五院校编：《教育学》，人民教育出版社，1982年版，第150页。

[2] 王策三：《教学论稿》，人民教育出版社，1985年版，第244页。

[3] 王道俊、王汉澜：《教育学》，人民教育出版社，1989年版，第244页。

[4] 李秉德：《教学论》，人民教育出版社，1991年版，第197页。

[5] Leonard.H.Clark&Irring S. Starr. Secondary School Teaching Methods, Third Edition, Macmillan Publishing Co, Inc.1977年版，第25页。

[6] [苏]达尼洛夫、叶希波夫编著，北京师范大学外语系1955级学生译：《教学论》，人民教育出版社，1980年版，第205～208页。

教学包含诸多下位概念，例如教学原则、教学方式、教学手段等概念。那么，教学方法与教学原则、教学方式、教学手段又有着怎样的联系和区别？

教学方法一般都是按教学活动的外部形态区分来命名的。如讲(讲授)、谈(谈话、问答)、看(演示)、练(练习、作业)、议(讨论)、操作(实验、实习作业)等[1]。以上都是具有独特教学功能的教学活动，是进行教学的基本方法。

教学原则是根据教育、教学目的、反映教学规律而制定的指导教学工作的基本要求。教学原则是"实际的结论"和"行动的要求"，是从教学工作的实践中总结出来的[2]。例如我国古代《学记》中就总结了"启发诱导"、"长善救失"、"学不躐等"等教学经验。随着对教学原则的深入研究，依据不同的科学提出了新的教学原则。如美国布鲁纳给予心理学提出了动机原则、结构原则、程序原则、反馈原则。前苏联赞可夫依据儿童发展提出了教学的高难度、教学的高速度、使学生了解学习的过程等原则。我国中小学常用的教学原则包括直观性原则、启发性原则、循序渐进原则、巩固性原则等。

教学方式是运用各种教学方法的技术，是教师教和学生学的具体动作。因此，教学方法应该是教学方式的上位概念，任何一种教学方法都是由一系列教学方式组成；反过来讲，每一种教学方法都可分解为各种教学方式[3]。例如教师在运用讲授法时，可以用演绎推导的方式讲，也可以用归纳概括的方式讲。学生既可以聚精会神地听，也可以边做笔记、边听讲等。教学方法是一系列有目的的活动，能够独立完成某项教学任务，但是教学方式只被运用于方法，为教学方法完成教学任务服务，不能独立完成一项教学任务。

教学手段是教学活动中师生互相传递信息的工具、媒体或设备。最早的教学手

[1] 王道俊、王汉澜：《教育学》，人民教育出版社，1999年版，第242页。

[2] 王策三：《教学论稿》，人民教育出版社，1985年版，第139页。

[3] 王本陆：《课程与教学论》，高等教育出版社，2006年版，第215页。

段是人自身的活动，主要是口耳相传、示范、模仿、练习。文艺复兴前后，出现了专门的教学手段。捷克教育家夸美纽斯编写的《世界图解》是较早的教科书，裴斯泰洛齐的"算术箱"和福禄贝尔的"恩物"都是专门的教具。粉笔、黑板、教鞭、模型、标本等，大多是在班级授课制条件下逐渐出现和发展起来的。随着工业革命的发展，出现了教学的幻灯机、电影、录音机等。之后现代化教学手段的运用，使很多过去在教学活动中无法办到的事情变成了现实，如通过电子显微镜可以看到微小的动植物细胞，通过卫星图片可以看到太阳系的各个行星等[1]。

由上可知，教学方法在形式上可以理解为一定教学方式和教学手段按照某种方式进行的有联系的组合。当然，这种组合并不是随意的，而是在教学目的和教学目标的基础上建立起来的。教学方式、手段之所以被称为教学方式与手段，也是因为它们为一定的教学目标服务的性质。教学目标总是要通过教学内容和教学方法的中介才能够实现。

二、国外教学方法的产生历史与发展变革[2]

(一)国外古代社会

"启发法"教学由来已久。古希腊哲学家苏格拉底(B.C.469—399)非常重视教学方法。苏格拉底在开展教育活动时，既无教材，又无课堂。他是在街上、广场等场所因人因事的不同对人施教。苏格拉底不用现成原理的形式把他认为是真理的东西提示出来，而是用逐步引导的问答法进行教学，刺激学生自己在教师的帮助下寻找正确答案。如果学生对所提问题作了不正确的回答，他不马上纠正，而是针对不正确的答案提出进一步的问题，使对方答案显出荒谬。等学生明白了得出这个荒谬结论的原因之后，不正确的答案便自行得到修正，这就是著名的

---

[1] 黄济、劳凯声、檀传宝：《小学教育学》，人民教育出版社，2007 年版，第 237、238 页。

[2] 谢松龄、房宏兴：《国外教学理论简介》，南京医学院《医学教育》，1985 年第 4 期。

"产婆术"，也称为"苏格拉底法"。这种方法通过讥讽、助产、归纳、定义等四个步骤，一方面使学生与教师共同寻找正确答案，另一方面则发展了学生的主动性，使学生在回答教师所提出的一连串问题中，逐渐被教师引向预定结论。

古罗马的教育家昆体良(DC35—96)是第一个详尽研究教学法、表述教学论上许多原则和规则的人。在教育史上，昆体良最早提出集体教学的设想，他倡导因材施教，强调教学要"适度"，注意培养学生的能力，提倡改进教学方法等。但他不是倡导启发法，而是强调模仿和背诵名家作品，按规则练习。这似是后世"灌输法"之先祖。

(二)国外中世纪[1]

中世纪时期，是从奥古斯丁的教父哲学向托马斯·阿奎那的经验哲学的演变过程。正是在这个演变过程中，产生了具有浓厚宗教神学色彩的经院主义教学思想，并在学校教育领域中占据了统治地位。到中世纪前期没有人提出比较完整的教学理论，只是在基督教会和僧侣阶级的控制下，实行一套约定俗成的教学方法。在学校实施严格的纪律和经常的体罚，全部教学建立在盲目服从"圣书"及教师的权威之上。"教师说"成了教育和教学的公式，它不允许学生出现任何探索与创造行为，学习就是背诵教会的教科书，学习方法亦建立在机械记忆的基础上。在这里，我们看到了现代所谓"教师中心型"教学的发端。

中世纪后期，随着文艺复兴和宗教改革运动的兴起，教育理论也发生了深刻的变化。意大利著名的人文主义教育家维多里诺(1378—1446)，发展了一种新的教学方法体系。他反对机械背诵，注重理解和练习。他尊重每个学生的兴趣和特长，经常根据学生的实际需要调整学习的科目和教学方法。他创造了一种活动字母教读写、用游戏来教算术的方法，并主张通过会话而不是枯燥的文法规则进行

---

[1] 单中惠：《西方教育思想史》，教育科学出版社，2007年版，第35～36页。

语文教学。为了调剂学生的精神，他提出上课与游戏交替进行。[1]

尼德兰人文主义者、教育思想家伊拉斯谟，非常重视古典语言教学，并且他不同意形式主义和教条主义的语言教学，强调语言实际能力的培养，主张语言和文学的学习要和其他学科的学习结合起来。他提出以直观教学法取代文法规则的学习。在他看来，除了运用游戏、故事、图画和实物教具，一切非正式谈话、广泛的阅读和写作练习都不失为有效的学习方法。法国人文主义思想家和散文家蒙田，强调发展学生的思考能力、主动和积极性。他要求以一种自然的和自由的教学代替中世纪认为的抽象的、机械的和奴性的教学。

17世纪捷克教育家夸美纽斯(1592—1670)所著的《大教学论》，成为人类第一部系统论述班级教学的教学论专著。夸美纽斯提出了教学的便易性原则、彻底性原则、简明性与迅速性原则。在教学方法上，他提倡泛智的方法，即以儿童发展和学习规律为基础的方法，教师应该借助儿童的感官进行教学，使用自然界的事物、图片和图表、模型以及其他合适的实物教材和直观教具。

但是16、17世纪在耶稣会教团控制下的近二百所学院，却采用一套很不相同的教学方法。这些学校精确地规定了某一个月，甚至某一个星期的教学内容，并且深入研究教学方法，确定每一课的教学程序，严格规定教师应该怎样讲解教材，以形成学生最深刻的印象；要求学生必须牢记学过的东西，不允许任何创造。由于耶稣会派长期统治欧洲的许多学校，并在教育教学上取得了较大成功，以致在教学方法中留下了难以磨灭的痕迹，使许多教学方法作为传统保留到现代，影响既深又广。

(三)国外近代社会

17世纪英国资产阶级革命后，教育思想有了新的特点。英国经验主义哲学

---

[1] 单中惠：《西方教育思想史》，教育科学出版社，2007年版，第61～124页。

家洛克(1632—1704)在心理学上提出著名的"白板说",认为儿童心灵像一块白板,教育就是在白板上书写、绘画。因此,洛克主张把教学建立在记忆联想的基础上,他还重视直观教学、循序渐进以及好奇心、注意力和记忆力的培养等。

瑞士民主主义教育家裴斯泰洛齐(1746—1827)认为教学应合乎心理原则,并第一个明确提出"教育心理学化"的学说。他根据教育心理学化和要素教育的理论,具体研究了初等学校各科教学法,例如,语言教学:

1.发音教学。要使儿童学会发音,首先应让他们练习听音。应先学元音,再学辅音。学会发音后,再学字母、音节和单词。

2.单词教学。单词教学,确切地说,是名称教学。它教儿童学习周围环境最重要的事物、历史、地理、人们的职业和社会关系等方面的单词,即名称。裴斯泰洛齐为单词教学编制了由一系列名称组成的名称一览表。

3.语言教学。语言教学就是要教儿童把名称和事物联系起来,认识事物的各种特征,特别是它的数和形以及认知能力,使他们获得各种知识。[1]

除了语言教学,裴斯泰洛齐还提出算术教学、测量教学等,这些理论为现代初等学校各科教学法奠定了基础。

德国心理学家、教育家赫尔巴特(1776—1841)的教学理论是建立在他的心理学基础之上的。他是西方历史上第一位把心理学作为一门独立学科加以研究的思想家,他继承了莱布尼兹的统觉理论,并且根据学生的心理特点提出了一整套教学方法。赫尔巴特认为统觉的过程包括感官的刺激、新旧观念的分析和联合、统觉团的形成三个环节。他针对不同的环节,提出了三种不同的教学方法:单纯提示的教学(直观教学)、分析教学和综合教学。随后,赫尔巴特提出了教学形式阶段理论,认为任何教学活动都经历明了(清晰)、联合(联想)、系统、方法四个阶

---

[1] 吴式颖:《外国教育史教程》,人民教育出版社,2002年版,第222～223页。

段。随着教育理论的不断发展，赫尔巴特的理论得到了进一步完善，形成了著名的五段教学法：预备、提示、比较、总括和应用。

德国教育家第斯多惠(1790—1866)从资产阶级民主主义观点出发，提倡"全人类教育"思想，认为教学的任务不仅是用知识来充实学生的头脑，而且要发展他们的智力与才能。在教学方法上，他把激发学生主动性的教学方法放在首要地位，并且根据他的教学经验，把教学方法分为学术的方法和基本的方法两种。前者是演绎的、综合的教学方法，后者是归纳的、启发式的教学方法。第斯多惠认为自觉地掌握所学教材有重大意义，只有为学生主动掌握的那些知识才有价值。他坚决主张采用问答式教学法，认为启发性谈话是其最好形式，因为它能激发学生的智力，使学生能够"探求、思考、判断、发现"。

凯洛夫(1893—1978)，前苏联著名教育家，是四、五十年代苏维埃教育学的代表人物之一，他的教育思想直接来源于乌申斯基。凯洛夫在教学理论上的主要论点有：1.课堂教学是教学工作的基本组织形式。2."教师的每一句话对学生来说都具有法律性质。教师在教学和教育中起主导作用"。3.教科书是学生知识的主要来源之一。凯洛夫《教育学》中虽也提出在传授知识的同时发展学生能力，但既没有把发展能力提到一个应有高度，也没有提出具体方法，培养能力就成了一句空话。

在这一背景下，出现了赞可夫的教学论思想。赞可夫(1901—1977)，是前苏联心理学家、教育科学博士。在1957—1977的二十年间，他领导了一个实验室，研究"教学与发展的关系"。他提出了教学的五大原则：1.以高难度进行教学的原则；2.以高速度进行教学的原则；3.理论知识起主导作用的原则；4.使学生理解学习过程的原则；5.使全体学生都得到一般发展的原则。

(四)国外现代社会[1]

杜威(1859—1952)是美国教育家，实用主义教育思想的创立者。杜威从实用主义经验论出发，认为教育就是经验的改造或改组，这种改造或改组，既能增加经验的意义，又能提高指导后来经验进程的能力。因此，杜威批判传统的学校教育，并提出了"从做中学"，即"从活动中学"、"从经验中学"。他认为教学应该从儿童的现在生活经验出发，从自身的活动中进行学习。杜威反对把知识作为目的本身，并且主张要引导学生创造性地进行思维。杜威特别强调"发现式"的学习方法。为了有效地进行思维，求知识的真正目的不在于知识本身，而在于学到寻求知识的方法。

在实用主义思想指导下的西方"进步教育运动"，开始是对僵化的机械的传统教育的社会改革运动，是有一定进步意义的，但在取得了一定的成功之后，它仍过分强调"儿童中心"、"活动课桌"、"劳动教学"，致使教学质量下降。

布鲁纳(1915—　)是美国认知派心理学家。他的"结构主义教学理论"的主要内容是学科结构。布鲁纳所谓学科基本结构就是指每门学科内在的那些普遍起作用的概念、定义、原理和法则的体系。在布鲁纳看来，学习一门科学不是设计一个人要"知道"的事情，而是设计"知道怎样处理"的事情。发现学习就是引导学习者去主动地"理解"一门学科的基础，他认为学生愈是掌握学科的基本结构，就愈能从事物的内在联系上去掌握和运用那些知识，有助于学习的迁移，促进智力的发展。掌握了基本结构，就学会了"如何学习"。

布鲁纳强调学习过程重要的不是记忆事实，而是获得知识的过程。教师不是要给学生讲他们要学习的原理、规则或概括它，而是使学生们进入导致发现原理、规则或概括化的过程中去，掌握发现知识的过程。"发现学习"在教学过程

---

[1] 单中惠：《西方教育思想史》，教育科学出版社，2007年版，第456、610页。

中，可以激发学生的内在动机，从而有利于激发学生动机。

三、国内教学方法的产生历史与发展变革[1]

教学方法受着一定社会文化、政治经济，甚至人口、环境等因素的影响，因此，教学方法具有传承性、代表性和特殊性。这些教学方法既反映出当时的社会发展状态，彰显了科学技术的掌握情况，同时也衬托出教学方法变革的原因、趋势等。纵观我国教学方法，与西方教学方法略有不同，我国的教学方法多数是从方法论角度论述的，更多地倾向于教学原则。

(一)中国原始社会

在原始社会时期，教学主要以口耳相传的方法进行。凡是生产、生活经验的传授，公共生活规范的培养，都由长辈亲自教授，年幼者跟着模仿，将经验一代一代传递下去。文字出现以后，教学内容得到进一步丰富，教学方法仍然比较传统，当时没有比言传身教更为有效的教学方法。到了原始社会末期，出现了成均和庠等机构，这些机构虽然包含教育活动，但是它们都不是正式的学校，只是学校的萌芽状态。

(二)中国古代社会

原始社会解体后，夏代兴起，我国进入奴隶社会，学校也是在这个时期正式登上历史的舞台。夏代的"序"、商代的"瞽宗"等都是当时比较有代表性的学校，为统治阶级培养所需要的人。伴随着学校的出现，专门传递知识的教师也应运而生。这一时期出现了许多伟大的教育家、思想家以及他们的教学论著。

我国古代伟大的思想家、教育家孔子，开创了儒家学派，其教育思想对后世的影响极为深远。孔子认为教育对社会发展有重要作用，提倡"有教无类"，培养德才兼备的君子。他还总结了"学、思、行结合"、"启发诱导"、"因材施

---

[1] 孙培青：《中国教育史》，华东师范大学出版社，2000年版，第29～296页。

教"等有效的教学方法，其中"启发诱导"教学法的提出，比古希腊教育家苏格拉底的"产婆术"早几十年。

春秋战国时期，墨家学派创始人墨子，提出了与儒家学派截然不同的教学方法。墨子不满儒家"恭己以待"的教学方法，应该"虽不扣必鸣"——人们不来请教，也应该主动地上门教学。墨子还批评孔子"述而不作，信而好古"，主张"古之善者则述之，今之善者则作之，欲善之益多也"，就是对古代好的东西要继承，今天进一步创造出新的东西，希望好的东西更多，由此可见，他的教学方法十分重视创造性。墨子还提出"实践"、"量力"等教学方法。

秦汉时期的董仲舒，也是一位有重大历史影响的教育家。他十分重视教学，他说："君子不学，不成其德。"教学的主要任务就是培养德性。在教学方法上，董仲舒并没有系统的论述，但是他强调学习者应"强勉努力"、"专心致志"、"精思要旨"等。

颜之推是魏晋南北朝时期的教育家、思想家，他所著的《颜氏家训》是我国封建社会第一部较为系统的家庭教科书。颜之推非常重视儿童的早期教育，他认为儿童教育要在家庭中进行，要遵循严与慈相结合的原则，并且父母要严肃对待儿童教育，不能重爱轻教，不能溺爱或偏爱，必要时可以对孩子进行肉体惩罚。

到了隋唐时期，不独尊儒学，而是兼重佛教和道教，出现了三教并存而交融的局势。隋朝的国子寺及国子祭酒，是我国历史上第一次由中央政府设立专门管理教育的机构和官员，标志着我国封建教育已经发展到了成为独立部门的时代。唐朝时期，学校教育得到了进一步的发展，创立于隋朝的科举制，在唐朝也更加完善。

唐代著名的教育家、思想家柳宗元，对教学方法也有独到的见解。他认为作为教师，要有渊博的知识，讲解时要能广征博引，上下贯通，启发引导学生"务达其旨而已"。柳宗元还强调教学方法要适应学生的需要，采用不同的方式方法帮助学生的发展。他认为人的成长是规律性的，教育者要根据学生的年龄特征和心理特征进行教学，传授的知识不能超出学生的接受能力。

宋朝时期，书院开始得到发展，例如白鹿洞书院、岳麓书院、应天府书院等。生活在这一时代的朱熹，系统地论述了读书法。朱熹认为"为学之道，莫先于穷理；穷理之要，必在于读书"。朱熹根据自己读书的体会，提出很多见解，他的弟子后概括为"朱子读书法"六条，即循序渐进、熟读精思、虚心涵泳、切己体察、着紧用力、居敬持志。

明朝时期的统治思想是程朱理学，中叶以后王守仁继承和发展了陆九渊的学说，提出"心即理"、"致良知"、"知行合一"等命题，创立了"王学"。他非常重视儿童教育，认为儿童教育要顺应儿童的性情，要"随人分限所及"，也就是要量力施教，不能忽略儿童的实际能力，将大量的高深知识灌输给他们。王守仁还反对"小大人式"的传统教学方法和粗暴体罚等。

清朝初年，官学制度基本沿袭明朝旧制，分为中央官学和地方官学。这个时期书院的发展经历了从沉寂到复苏的过程，并且书院官学化的倾向也越来越严重。严元是清朝时期的教育家，他毕生从事教育活动，提出了"习行"教学法。严元认为"心中醒，口中说，纸上作，不从身上习过，皆无用也"，因此"习行"教学法强调教学过程中，要理论联系实际，既要练习又要实践，要实现学以致用，才体现出学习知识的作用和价值。

(三)中国的近代社会

鸦片战争的爆发，西方资本主义的压迫，使中国向半殖民地社会演变，中国的教育主权也部分丧失，西方以教会办学等形式在中国进行文化教育。同时，官学教育有名无实，龚自珍、魏源等人提出教育改革，要"师夷长技以制夷"。随着不平等条约的签订，西方传教士纷纷来华传教办学，教会学校竞相设立。

洋务运动时期，新式学校的教学方法开始改革。由新式书院改造而来的新式书院，主要教学内容依然是经史之学，教学方法也主要采用传统体悟式教学法，并在此基础上吸收了实学教学方法体系的精髓和西方实验教学法。新式书院教学采用的方法因课程的不同，呈现多样化特征。经学和史学课程，沿袭传统书院的教学方法，教师在讲台上笔谈，学生则笔记或笔问，不鼓励讨论，以学生自己体悟为主。引入的西方课程如舆地等，采用讲演法，分科教学，对学生的考核采用积分法，语言类教学则仿照教会学校普遍采用的语法翻译法。

洋务学堂中西兼顾的课程结构，尤其是添加的理科课程，使得教学活动以实用性原则为指导，逐步构建起偏重实践的教学方法体系。以实习和实践为主，强调动手能力的培养。洋务语言学堂的教学主要采用讲授法，重视学生的实验和实习；技术类专科学堂的课堂教学大多也是采用讲授法和实习。军事学堂采用分班教学法，分为高低班进行教学。

从整体来看，洋务运动时期主要的教学方法可以概括为体悟式教学法，从国外引进的班级授课制也是值得一提的。体悟式教学法要求学生读书、做笔记，有学有思，学思结合。这种教学法还强调实践，要求学生能够学以致用。班级授课制与中国传统的"分斋教学法"类似，但是也有区别。"分斋教学法"是以教学内容、教学方法等依据划分不同的班级；西方传入的班级授课制以学生的身心发展、年龄为出发点，划分班级。在洋务运动时期，这两种教学方法有时也综合起来运用。

维新运动时期，新式学堂维新运动把书院和私塾改为新式学堂，新式学堂从一定程度上沿用了分斋教学法并在其基础上创设分班教学。1904年颁布的《癸卯学制》规定新式学堂采用的教学方法为循循善诱教学法，因此在国文教学过程中主要采取教授法和问答法。此时的教授法主要借鉴了德国的五段教学法。对于外语学习方面，新式学堂沿袭了教会学校的教学方法，使用原版教材，并组织学生开展外语交流活动。

清末新政时期，日本的教学方法也从一定程度上影响了新式学堂的教学方法，成为模仿的对象。例如清末的单级教学法。单级教学法产生于日本，后流传入中国。单级教学法是把不同年级的学生集中在同一空间内，由一名教师进行教学。另外，二部教学法在清末也有应用。

民国早期，1922年《壬戌学制》颁布，在教学方法上试图突破演讲式，增加学生自主学习的机会。杜威的"做中学"教学法传到国内；柏克赫斯特来华宣讲"道尔顿制"教学法；年克伯屈带着"设计教学法"来华。

在学校教学方法方面，民国早期幼儿园采用游戏式教学方法，国语教学多采用故事形式。小学教学方法主要为单级教学法、注入法、启发法、自学辅导法、设计教学法和道尔顿制等方法。中学教学法相对比较零散，多数还是采用讲授法进行教学。

教会学校教学方法更倾向于直接教学法，媒体教学法(幻灯、影片和照片)和实践教学法刚刚引入学校，运用于课堂教学。私塾多采用练习法，但是要求注重讲解，不能过于强调死记硬背。蒙台梭利教学法也开始运用于幼儿教育，给我国的幼儿园教学注入新的活力，推动了幼儿教育的发展。

经过民国早期各种教学方法实验，在教育家们不断努力探索和改进下，在外国理论的基础上，民国后期我们有了属于我国自己的教学方法。1932年，李廉方在文纳特卡制的基础上创生出著名的"合科教学法"和"卡片教学法"(也称"廉方教学法")。另外，陶行知的"教学做合一"教学法在民国后期也产生了很大的影响。当时农村中很多学校是半日学校、冬季学校等，"教学做合一"的教学方法优化了农村基础教育教学。民国后期，教学方法趋于理性化、科学化，从完全照搬西方教学方法变成吸收国外优秀教学法，创生出符合我国国情的教学方法。

四、教学方法发展的心理学理论依据

教育的发展和变革受到很多因素的影响，例如社会、政治、经济等因素。从理论角度来说，教育学也受到其他学科的影响，心理学就是其中之一。心理学理论的发展，对学校教育和教学理论的发展有极大影响。教学方法的发展和变革正是这种影响的直观反映。

(一)行为学习理论

1．经典条件作用理论[1]

俄国生理学家伊凡·巴普洛夫是最早提出经典性条件作用的人。经典条件作用理论认为一个原是中性的刺激与一个原来就能引用某种反应的刺激相结合，而使动物学会对那个中性刺激做出反应。当刺激条件不被无刺激所强化时，就会出现条件作用的抑制，主要有消退抑制和分化。巴普洛夫还提出了两个信号系统理论：凡是能够引起条件反应的物理性的刺激叫做第一信号系统的刺激，凡是能够引起反应的以语言信号为中介的条件刺激叫做第二信号系统的刺激。人类正是有了以语言为主的第二信号系统，人类的学习与动物具有了本质的区别。1913年，华生首先打出行为主义心理学的旗帜，是美国第一个将巴普洛夫研究结果作为学习理论基础的研究者。他认为学习就是以一种刺激代替另一种刺激建立条件作用的过程。华生提出，有机体的学习实质上就是通过建立条件作用，形成刺激与反应之间联结的过程，从而形成习惯。习惯的形成遵循频因律和近因律。根据频因律，在其他条件相等的情况下，某种行为练习得越多，习惯形成得就越迅速。根据近因律，当反应频繁发生时，最新近的反应比较早的反应更容易得到强化。

---

[1] 陈琦、刘儒德：《当代教育心理学》，北京师范大学出版社，2007年版，131～134页。

2．刺激——反应的联结学习理论

刺激——反应的联结学习理论的代表人物有桑代克、华生、斯金纳以及巴普洛夫。桑代克(1874—1949)被认为是联结理论的首创者。他从1896年开始研究动物的学习行为。桑代克认为，学习是一个渐进的、盲目的、尝试与错误的过程。随着错误的反应逐渐减少，正确反应逐渐增加，固定的刺激——反应终于形成，即在刺激与反应之间形成了联结[1]。桑代克的学习理论也被称为"尝试错误理论"。他根据对动物的研究，提出了三条基本的学习规律：(1)准备率；(2)练习率；(3)效果率。桑代克的理论在20世纪30年代后又有了一些补充。

桑代克的学习理论对指导教育实践起到重要作用。效果率指导教师使用实体的奖品或者口头表扬。练习率指导教师加强学生的重复练习和操练。他劝告教师要"集中并练习那些应结合的联结，并且奖励所想要的联结"[2]。桑代克强调神经的联结，轻视顿悟和理解。他的理论很大程度上是行为主义，以动物实验资料来说明人的学习，忽视了人类学习的特点。

3．操作性条件作用理论

桑代克为操作性条件作用理论奠定了基础，斯金纳进一步系统地发展了该理论。他认为所有行为都可以分为应答性行为和操作性行为两类。斯金纳认为操作性条件作用与两个一般的原则相联系：(1)任何反应如果随之紧跟强化(奖励)刺激，这个反应都有重复出现的趋向；(2)任何能提高操作反应率的刺激都是强化刺激。强化理论是斯金纳理论最重要的部分。所谓强化，就是能增强反应率的效果，包括强化物和强化程序两部分内容。强化物是指能够增强反应概率的刺激和事件；相反，在反应之后紧跟一个讨厌的刺激，导致反应概率下降，称为惩罚。强化程序是指反应受到强化的时机和频次，分为连续强化程序和间隔强化程序。

[1] 李红：《现代心理学》，四川出版社，2009版，第273页。

[2] 陈琦、刘儒德：《当代教育心理学》，北京师范大学出版社，2007年版，第136页。

强化分为积极强化和消极强化，通过呈现刺激增强反应概率的称为积极强化，通过这种不愉快条件来增强反应概率的称为消极强化。强化与惩罚的关系如下表所示：

表1-1　强化物与惩罚

	行为被增强	行为被减弱
呈现刺激 消除刺激	正强化（呈现愉快刺激，如给予表扬）	惩罚1（呈现厌恶刺激，如关禁闭）
	负强化（消除厌恶刺激，如免做家务）	惩罚2（消除愉快刺激，如禁吃KFC）

斯金纳认为在教学中，教师要针对班级不同的学生提供不同的强化物，在选择强化物时要考虑学生的年龄因素。教师传授新知识后，要即时对学生进行强化，不能拖延，根据学生学习情况选择适合的强化。强化一定要保证正确的促进和引导，不要一考试就要做到完美，不能强化不希望的行为。

(二)认知结构学习理论

认知结构学习理论强调已有的知识经验以及学习材料本身的逻辑结构。认知结构学派认为，将新知识与学生原有的认知结构关联起来，用旧的知识同化新的知识，完成新知识的学习。教师要帮助学生建立认知结构，使学生通过认知结构的迁移，获取新的知识和经验。

1. 布鲁纳的认知发现学习理论

布鲁纳的认知发现学习理论，主要有以下内容：

(1)重视人的主动性。(2)重视对儿童心理发展实质的研究。(3)重视学习过程。(4)强调形成学习机结构。(5)强调直觉思维的重要性。(6)强调内部动机的重要性。(7)强调基础学科的早期学习。(8)强调信息提取。(9)提倡发现学习。[1]

布鲁纳的学习理论有助于培养学生的发现能力和创造能力，他主张掌握学科

[1]　李红：《现代心理学》，四川出版社，2009年版，第274～276页。

的知识结构，即基本概念和基本原理。遗憾的是布鲁纳没有从事原理学习的实验研究，并且他过于强调发现学习，出现了费时费力的现象，导致教学效率偏低。

2. 奥苏贝尔的认知接受学习理论

奥苏贝尔从20世纪50年代中期开始有意义的语言材料的学习与保持的研究，他注重学习性质、条件、过程和机制的探讨，提出了有意义接受学习的理论。

奥苏贝尔认为，学生学习的主要形式是有意义接受学习。有意义接受学习就是在各门学科的学习中，将有意义的材料与学生业已形成的有关知识结构有机地联系起来，使学生融会贯通地学习。

(1)有意义接受学习的标准

区分有意义接受学习与机械学习的标准是新观念与学习者认知结构中原有的观念能否建立实质性的和非人为的联系。如果能够建立实质性的和非人为的联系，即为有意义接受学习，反之则为机械学习。

(2)有意义接受学习的条件

有意义接受学习要求学习材料具有逻辑意义，并且学习者需要具备恰当的知识基础。另外，学习者要具有有意义接受学习的倾向，能够积极主动地把新的知识与原有认知结构中的知识加以联系。

(3)有意义接受学习的类型

根据学习任务的复杂程度，可以将有意义接受学习分为三种类型：①代表性学习，即指学习单个符号或一组符号的意义，例如词汇学习。②概念性学习，即用符号代表一类事物，而不是代表特殊事物的学习。③命题学习。命题学习是学习几个概念联合所构成的复合意义。

(4)概念与命题的同化模式

同化就是学习者利用认知结构中原有的有关知识(概念、命题)理解新知识。

奥苏贝尔认为同化有以下几种模式：第一，下位学习(类属学习)；第二，上位学习(总括学习)；第三，并列结合学习。以上三种同化模式，都需要通过新旧知识的相互作用，完成学习者内部的认知过程。

(三)掌握学习理论

掌握学习理论由布鲁姆提出。布鲁姆采用科学分类的方法，将教学目标分为认知、情意和心因动作三大类。他认为认知领域的教学目标可以分解为知识、理解、应用、分析、综合、评价；情意领域的教学目标包括接受、反应、评估、组织、价值的性格化；心因动作领域的教学目标包括整个身体的运动、协调细致的动作、非言语交流、言语行为等[1]。

布鲁姆的主要观点有以下几点：

1.90%以上的学生(智力低下者除外)，都能达到掌握90%以上学习材料的目标，只是花费的时间不同。

2.他提出用"形成性评价"结合"总结性评价"取代传统的"正态分布"测验方法，降低传统测验给学生带来的不良影响。

掌握学习可以从一定程度上增强学生的自信心，帮助学生在学习中建立学习兴趣。然而，掌握学习需要精心设计的教材和学习程序，需要教师细心地指导，还需要让不同能力的学生在不同的时间里掌握同样的内容，这些因素使掌握学习很难达到学习目标。

(四)人本主义学习理论

人本主义心理学强调思维与情感密不可分，人的价值比获得知识更重要。人本主义学习理论的主要代表人是罗杰斯。他把心理治疗中的思想迁移到教学中，提出了一种以学生为中心的教学法。罗杰斯认为教师不是要教学生学习什么知识

---

[1] 李红：《现代心理学》，四川出版社，2009年版，第277页。

和怎样学习知识，而是要提供学习手段，由学生自己决定怎样学习。教师只参加讨论，不指导、不控制，这就是他所谓的"非指导学习"[1]。

在学校教育中，人本主义学提倡学生中心，强调情感作用和人的状态。在教学过程中，教师不再只是知识的传播者，还是学生个人能力的开发者。人本主义心理学侧重学生情感的发展，强调学生的创造性，注重发展自我观念和潜能，认为道德修养比知识更重要。

(五)建构主义理论[2]

20世纪80年代以后，西方国家兴起了建构主义思潮。教育领域中也存在着不同的范型。建构主义理论中影响较大的是认知建构观。认知建构理论来源于皮亚杰的"发生认识论"，该理论认为，人对客观世界的认知是主动的构建。在认知过程中，认知主体内部积极地产生出大量潜在的模式，而外部世界给予主体的刺激仅仅强化了其中的某些模式。

建构主义理论在知识观上的共识有：(1)知识是主动构建的，而不是被动接受的。知识的意义不能机械地灌输给学生，必须靠学生根据其个人先前知识经验主动构建。(2)知识是个体与他人经由协商并达成一致的社会建构。个人建构的主观知识需要经过人际交往的社会过程才能转化为他人有可能接受的客观知识。

(六)多元智能理论[3]

多元智能理论是美国哈佛大学著名教育学及心理学家霍德华·加德纳教授提出的。他认为人类至少存在八种智能，分别是言语—语言智能、逻辑—数理智能、视觉—空间关系智能、音乐—节奏智能、身体—运动智能、人际交往智能、内省智能、自然观察智能。每一种智能代表着一种区别于其他智能的独特思考模

---

[1] 李红：《现代心理学》，四川出版社，2009 年版，第 278 页。

[2] 杨九俊：《学习方式的变革》，江苏教育出版社，2006 年版，第 8 ~ 9 页。

[3] 陈琦、刘儒德：《当代教育心理学》，北京师范大学出版社，2007 年版，第 52 页。

式，但是这些智能之间是相互依赖、相互补充的。每种智能不是均衡发展的，智能的不同组合表现出个体间的智能差异。各种智能都是同样重要的，每个人都或多或少拥有不同的八种智能。

多元智能的提出，在教育界产生了极大的影响，它表明传统"一刀切"的教学与学习方式严重阻碍了学生的个性发展。为了使每一位学生都有可能得到最大限度的发展，加德纳提出了个性化教学。个性化教学是以教师了解每一位学生兴趣爱好、家庭背景、学习风格、智能特点等方面为前提，进而确定最有利于学生学习的教学方式与教学策略，以求学生形成个性化学习方式，获得更好发展。因此，教育应该在全面开发每个人大脑里的各种智能的基础上，为学生创造多种多样能展现各种智能的情境，激发学生的潜在智能，发挥学生的个性。[1]

(七)发展性教学理论[2]

20世纪20年代，前苏联心理学家维果茨基(1896-1934)从批判关于人的心理及其发展的生物学观点出发，主张把历史研究作为建立人类心理学的基本原则，提出了"最近发展区"理论，认为教学应走在发展前面。50年初至70年代，前苏联教育家赞可夫及其同事提炼出"一般发展理论"，认为关键问题在于"在什么样的教学论体系下，才能在学生的发展上达到理想的效果"。我国裴娣娜教授认为，发展性教学是促进学生获得全面发展的教学，它以学生为主体，通过引导学生主动学习，促进他们主体性发展[3]。人们对发展性教学理论的共识有：教育中的核心问题是学生个性的形成与发展，学生的发展是个性化与社会化的统一，教学过程是学生进行自主探究的活动。

发展性教学理论重视学生的个性化发展，教师的教学活动设计和教学当时都

[1] 杨九俊：《学习方式的变革》，江苏教育出版社，2006年版，第10页。

[2] 杨九俊：《学习方式的变革》，江苏教育出版社，2006年版，第9页。

[3] 裴娣娜：《发展性教学与学生主体性发展》，《河南教育》，1999年第1期。

要以学生为中心。新课程提出转变学生的学习方式，以自主、合作、探究为核心理念，以自主学习、合作学习、探究学习等为标志性学习方式，体现了发展性教学理论的精神实质。

五、现代教学方法的特征[1]

(一)目标追求的综合性

目标追求的综合性是指现代教学方法不仅重视知识的传授，重视教学过程中认知目标的实现，而且重视情感的激发、技能的训练和培养。教学方法不仅要重视认知目标和非认知目标的综合追求，还要强调教学的情意性，追求教学的情感等目标的实现。

(二)活动方式的多边性

活动方式的多边性是指现代教学方法运作过程中，师生活动的方式是多方位的。不仅有教师向学生传授知识的活动，还有生师、生生、师师之间的活动交流以及师生和其他教学因素之间的活动交流。

(三)互动交流的情感性

互动交流的情感性是指现代教学方法更加注重方法运用过程中师生互动交流的情感因素，并使这种情感因素推动教学进程。教师和学生之间建立良好的沟通互动关系，可以从一定程度上提高教学效果。

(四)运作过程的探究性

运作过程的探究性是指现代教学方法不仅重视让学生从教师的传授中获取知识和技能，而且更注重在教学方法运作过程中，让学生在教师的引导下通过自身的探讨和研究，在获取和掌握知识的同时，发展自己的操作能力，从而把学习和掌握知识的过程变为探究知识、发展能力的过程。

---

[1] 季震：《现代教学方法的基本特征》，《南通师范学院学报》，2000 年第 12 期。

(五)选择、使用的科技性

选择、使用的科技性是指现代教学方法在选择使用的具体方式和手段上更多地表现出现代科技成果在教学上的运用，包括理念形态的和物化形态的科技成果在教学中的运用。现代教学方法在被选用时，开始注重多种教学方法的科学组合，甚至教学方法和教学组织形式的组合，以实现教学最优化。

第二节　教学方法的意义

一、教学的意义[1]

教学在学校工作中占有十分重要的地位，教育目的的实现和教育任务的完成，主要依靠教学活动。教学对社会的发展和个体的发展都有着重要的作用。

(一)教学是学校的核心工作

学校最基本的职能就是为社会的发展培养人才。教学与学校息息相关，是学校区别于其他社会部门的基本特征。学校是学生发展自身和增长知识的场所，一个人受到怎样的教育，形成怎样的世界观、人生观和价值观，对于个体而言意义非凡，甚至会影响一个人的一生。教学可以使学生在较短的时间内，用较少的精力获得大量的知识和技能，从一定程度上突破了教育实施在时空上的局限，扩大了直接经验的认识范围，加快学生的智力和能力的发展。因此，学校只有提高教学质量，才能更好地培养为社会服务的人才，才能实现国家和社会赋予学校的职能。

(二)教学是学校实现学生全面发展的基本途径

教学能够有目的、有计划地将教育的各个组成部分包括德育、智育、体育、美育、劳动技术教育的基本知识传授给学生，因此教学成为促进学生全面发展的

---

[1]　张乐天：《教育学》，高等教育出版社，2007 年版，第 196 ~ 197 页。

基本途径。例如通过体育及卫生课等学科的教学，学生可以获得系统的体育健康知识，掌握基本的运动技能；通过音乐、美术等课程的教学，培养学生正确的审美观念和能力；通过劳动技术课的教学，培养学生的劳动观念和技能等。

教学也是实施德育的基本途径。学生的道德品质的养成有许多途径，但是对于学生来说，主要的生活范围就是学校，每天大多数的有效时间都在学校度过，主要的活动也是在学校里进行，因此在学校里对学生进行道德教育的机会比在课余时间进行的机会更多、更有效。

(三)教学是适应并促进社会发展的重要手段

教学有目的、有组织地把人类历史中长期积累的知识经验和智慧传授给下一代，使年轻一代通过书本等间接知识认识世界和改造世界。教学打破了时间和空间的限制，正是这样的一个捷径，使个体的身心发展跟上人类社会的发展，从而推动人类历史向前发展，只有学校教学才能完成这项伟大的使命，因此，教学是适应并促进社会发展的重要手段。

二、教学方法的意义

教育目的可以通过教学来实现，教学的落脚点又集中在课堂中。在课堂教学过程中，教学方法独具意义。教学方法把教师、学生、教学内容和教学手段等要素有效地联合起来，使这些要素尽可能发挥各自的功能和作用，从而通过所产生的教学效果来实现教学目的。没有教学方法，便没有真正意义上的可操作的教学过程。

(一)教学方法为教学营造优质的教学环境

1.赞可夫认为，教学法一旦触及学生的情绪及意志领域，触及学生的精神需要，这种教学法就能发挥高度有效作用。暗示教学法是这方面的代表，其主张在教学过程中，自始至终使学生保持愉快的情绪，无论哪个环节都满足学生情感上的需要，使学生感到学习是满足求知欲的一种快乐，而不是枯燥无味的艰苦劳动。这是现代教学法重视学生非智力因素的体现，认知活动的启动和偏向与心理安全感和心理自由感密切相关，学生在情绪愉快时，感知更敏锐，记忆更牢固，想象更活跃。

2.良好的环境满足学生认可与尊重的需要。布鲁纳认为，教学方法就是把教师的教和学生的学统一起来的方法。教师与学生的相互关系是一种互为主客体的关系，在教学的不同环节中，承担的任务是不同的，面对的对象是不同的，但都需要发挥彼此的主观能动性。事实上，教师的主体地位与主导作用是不能混为一谈的，教师如果没能赢得学生对其职业的尊重，指导便无从谈起。合作教学法中，合作就很能体现师生双主体的地位，建立平等、民主、互助的学习环境。教师受到学生的尊重，学生则更希望得到老师的信赖。所以罗杰斯强调非指导性教学法，给予最大限度允许学生选择教育环境，相信学生有内在的能力，能不凭借外力的帮助而达成和谐的社会行为。

3.良好的环境能带来潜移默化的影响。教学方法的使用本身也有教育价值。如果教学方法的运用恰到好处，手段能使人产生美感，解决问题的方法完善，这些都能起到美育的作用。使用教学方法还能进行德育，这就要使学生养成以下的习惯：论据确凿，判断事实严肃认真，正确对待自己的观点和同学的意见。课堂是个小社会，既是一个以人际互动为中心的社会过程，也是学生个性心理品质训练与养成的发展过程，在其中可以折射出社会上的善与恶、美与丑、竞争与协调、成功与失败，当师生共同参与课堂交流时，应自由而不放纵，礼貌而不拘谨，热情而不混乱，冷静而不沉闷，彼此坦诚而充满关怀。

(二)教学方法使教学成为一种高效的教育

进入信息时代以来，一方面知识的递增速度越来越快，知识的总量的无限膨胀与个体掌握知识有限的矛盾日益突出。另一方面，知识加速老化，知识的陈旧周期愈来愈短，人类所受知识的滞后与时代发展的矛盾也日益突出。教学方法从一定程度上缓解了上述矛盾。

首先，教材知识的浓缩，扩大了教学速度和深度。例如"纲要信号法"、"先行组织者法"、"范例教学法"等，都有助于学生剔除过于琐碎而无用的知识，把握教材的要点，在理解的基础上巩固知识，并摆脱教材所限，饶有趣味地加深所学内容。赞可夫提出的"三高原则"有一定的现实意义，用适当的教学方法来促进学生理想的一般发展，做到课程和教材分量多、难度大，但不导致学生负担过重。可见，学生所学的内容都是经过教师选择后，通过某种方法交给学生的，教学方法在很大程度上决定着学生学什么、怎么学。

其次，现代化的教学手段的运用，提高了课堂效率。教学手段的现代化，给学生提供了极大的发展空间，新教学媒体不仅在教学对象上达到了量的扩充，在教学内容上也有了质的改进。幻灯、电影、电视、计算机多媒体等五花八门的手段，帮助教师扩大了学生的经验范围，减轻了教师讲课的负担。从古到今，从宇宙到电子，无不图文并茂地展现于学生的眼前，将呆板的课堂变得活泼。"程序教学法"等计算机辅助教学方法的出现，不但给予学生自己变换学习速度和难度的可能，更提供了及时的反馈信息，强化了课堂教学效果。教学手段已不仅仅是人的认知器官的延伸，而成为人脑的延伸。教师也不再是唯一的知识转化的中介。学生通过计算机直接了解外部世界，获取所需知识，个体的自主性行为将更为突出。在这种情况下，课堂教学方法又会有什么样的变化呢?课堂由封闭走向开放，换句话说，教学方法也应该具有开放性，在素质教育背景下，它除了关注如何引导学生进行学习活动外，更有新意义，譬如调控学生的个体环境，提供个体环境与大环境交流的条件等。

三、教学方法使学生身心向更高阶段发展

首先，教学方法在应付学习化社会、终身教育等新名词时，最根本的是让学生学会学习。学会获取和筛选信息，学会调控自己的学习策略，拥有良好的学习品质。中国自创的"学导式教学法"、"自学辅导法"就十分强调学生自学能力的培养。"问题教学法"、"发现法"、"探究法"等方法的核心在于创设某种困难的情境，学生可以通过解决困难的过程，感受学习策略对自身学习的影响。"掌握学习法"是一种面向全体学生的教学方法，适应于不同学生的不同认知风格。它忽略了智力水平对学生学习的影响，给每个学生达到一定水平的机会，这恰恰帮学生树立了信心，鼓舞了他终生学习的兴趣。如果说学习策略是操作系统，那学习品质就是动力系统，学会学习与这两者息息相关。学生只有学会学习，才能在离开学校后，独立并迅速地弄懂不断出现的新科学和新技术。

其次，教学方法能帮助学生实现自我价值。马斯洛说："教育的功能、教育的目的、人的目的、人本主义的目的，与人有关的目的在根本上就是人的自我实现，是丰满人性的形成，是个性能够达到的最高度的发展。"教学方法应该激发学生这种高级需要，唤起这种精神的觉醒。在这里，要再次提到"合作教学法"，它告诉学生要自由选择，希望他们涉猎未知的不确定领域，能有自己作出抉择的勇气，并要求在合作中来实现所做的选择，以达到个性充分发展给集体带来利益的目的。我国一向主张全面发展，全面发展不是齐头并进地发展，而是要根据儿童的特长、兴趣来培养，所以素质教育要求一种个性教育。有个性才有创新，有创新才能不断发展，实现自我的完善。

教学方法理论的研究与发展，一方面为教师选择和运用教学方法提供了有力资源和理论指导，科学合理的教学方法能使教学达到事半功倍的效果；另一方面，教师的实践也有利于新教学方法的产生。

第三节　教学方法的类型

　　教学活动的形式丰富多彩，教学方法也极其丰富。教学方法的界定没有定论，对于教学方法的分类也因此各有其说，不同时期的分类也有所不同。了解教学方法的分类，对教学方法的掌握与运用有很大的帮助。

　　从不同的角度出发，大致上可以将教学方法分为方法论意义上的教学方法和具体做法上的教学方法。方法论意义上的教学方法是教学方法的重要组成部分，它对于教学方法的思考与应用具有重要的意义，而我们通常比较注重具体做法上的教学方法，忽视了方法论意义上的教学方法。

一、方法论意义上的教学方法

　　本节所说的"方法论意义上"的教学方法实际上是理念性的教学方法，它从一定程度上反映了教学方法应当遵循的原则，而不是非常具体的做法。

(一)启发性原则

　　孔子是我国伟大的教育家和思想家，以他为代表的儒家文化对我国的教育产生了极其深远的影响。《论语·述而》中记载："子曰'不愤不启，不悱不发'。"宋代朱熹注解："愤者，心求通而未得之意；悱者，口欲言而未能之貌。启，谓开启意，发，谓达其辞。"启发是指通过调动学生的思维而有所领悟的教学方法。古希腊著名的哲学家和教育家苏格拉底，用问答的方式与人谈话，在谈话过程中不直接把结论教给别人，而是先提出问题，引导他人得出正确结论。他的"产婆术"就是典型的启发法。

　　启发性原则主张通过培养学生学习的积极性，端正学生的学习态度，激发学生的学习动机；通过创设问题情境启发学生独立思考，发展学生的思维能力；教师还应当教给学生学习方法，指导他们进行创造性学习。

(二)直观性原则[1]

直观性原则是指根据教学活动的需要，让学生运用感官直接感知学习对象，以获得感性经验。这一原则是针对教学中词、概念、原理等理论知识与其所代表的事物之间相互脱离的矛盾而提出的。

在学校教育中，学生以学习间接经验为主，因此，书本上的知识经验与学生的现实经验存在很大的差距。教师的任务，就是要利用学生原有的知识经验，将新的知识与学生原有的知识建立起联系，帮助学生建立从感性到理性、具体到抽象的认识过程。直观性原则可以提供给学生直接经验，有助于学生构建新旧知识之间的联系，克服学习和理解过程中的困难和障碍，从而帮助他们掌握新的理论知识。

(三)系统性原则

系统性原则是指教学活动应当持续、连贯、系统地进行。这一原则是为了处理好教学活动的顺序、学科课程的体系、科学理论的体系、学生发展规律之间错综复杂的关系而提出的。

个体在成长过程中，具有顺序性和阶段性，教学活动要根据学科课程体系的特点和个体成长的特点进行，因此知识的传递要从简单到复杂，从低级到高级，循序渐进。

(四)教学的整体性原则[2]

1.思想性与艺术性的统一

思想性是指教学中内在的能够对学生的思想品德产生影响的特性。思想性蕴含于教学目的、教学过程、教学内容和教学方法中。艺术性是指导教师遵循教学目的与规律、挖掘教学内容的教育性因素、运用适当的教学方法过程中所具备的技能、技巧及实施性知识的特性。教学的思想性和艺术性存在着密切联系，思想性是艺术性的前提，艺术性是思想性的保证。教师在教学活动中，要依据学科本身的性质和

---

[1] 黄济、劳凯声、檀传宝：《小学教育学》，人民教育出版社，2007年版，第209页。

[2] 李秉德：《教学论》，人民教育出版社，2001年版，第77～79页。

任务，将二者有机地统一起来，实现结合知识教学进行思想教育的目标。

2.科学性与人文性的统一

科学性是指教学要在科学的方法论指导下进行。人文性是指在教学过程中，关注学生的全面发展，例如情感、品德、人格和自我实现等方面。教学的科学性可以保证学生所学知识的真理性，教学的人文性注重学生的主体性。教师在教学过程中，不仅要选择科学的、规律性的知识，采用多样性的教学方法进行教学，还要注重非认知心理因素的培养，包括动机、兴趣、情感、意志和性格等。教师要结合所传授的知识，激发培养学生的学习动机，激发学生的学习兴趣，帮助学生树立自信心，将科学性与人文性相结合，才能更好地达到培养全面发展的人的教育目的。

3.实现教学要素的内在统一

教学是一个复杂的活动，它要求教师在特定的环境中，依据教育内容以及学生的实际情况，选择适当的教育方法和教育手段，使学生掌握知识，形成技能，促进身心发展，实现教学目的。那么，教育者、受教育者、教学内容、教育方法与教育手段等构成了教学的基本要素。因此，教师要将教学各要素之间有机配合，才能保证教学活动能够顺利进行，实现教学的最佳的整体效益。

(五)巩固性原则

是指教学中要不断地安排和进行专门的复习，使学生对所学的知识牢固地掌握和保存。这一原则是为了处理好教学中获取新知识与保持旧知识之间的矛盾而提出的。

《论语》中曾总结"学而时习之"、"温故而知新"等学习经验，由此可见复习巩固已学知识对于学习的价值不可估量。学习过程是连续的，学生要不断地记忆所学的新知识，同时又要防止对旧知识的遗忘，因此教师在教学中要使用练习、复习等教学手段帮助学生巩固已掌握的旧知识，使学生保持新旧知识的联系，促进新知识的学习。

(六)量力性原则[1]

量力性原则是指教学的内容、方法、分量和进度要适合学生的身心发展，是他们能够接受的，但又要有一定的难度，需要他们经过努力才能掌握，以促进学生的身心发展。

我国古代的墨子，就十分重视学习上的量力而为。西方教育家第斯多惠认为："教学必须符合受教学生的发展水平，从学生的发展的水平出发开始教学，并且循序渐进地继续下去。"人们从经验中懂得，在教学的过程中，只有教授符合学生接受能力的知识才能被他们理解，并且能够内化成为属于学生自己的知识。

(七)理论联系实际原则[2]

理论联系实际原则就是把教学理论和实际统一起来。它所反映和要解决的矛盾，主要是保证所学知识与其来源、基础——社会实践不致脱节，学生掌握的知识能够运用或回到实践中去。教师应该在理论知识的主导下，把教学和生活、间接经验和直接经验、观点和材料结合起来；同时，创造多种多样的实践形式，引导学生把知识用于实践，并注意培养学生动手操作的能力。

(八)因材施教原则[3]

因材施教原则是指教学要从学生实际出发，根据不同对象的具体情况，采用不同的方法，进行不同教育，以使每个学生都能在自己原有基础上得到充分发展。这一原则是学生身心发展的客观规律在教学中的反映，也是辩证唯物主义实事求是思想作风在教学中的体现。

---

[1]　王道俊、王汉澜：《教育学》，人民教育出版社，1999年版，第238页。

[2]　王策三：《教学论稿》，人民教育出版社，2005年版，第156页。

[3]　张乐天：《教育学》，高等教育出版社，2007年版，第203页。

二、具体的教学方法

关于具体的教学方法，国内外都有不同的划分，在本节中列举了一些比较有代表性的教学方法分类方法。

(一)国外早期几种教学方法分类

1.桑代克将教学方法总结为：(1)读书教学法；(2)讨论教学法；(3)讲演教学法；(4)练习教学法；(5)实物教学法；(6)实验教学法；(7)设计教学法；(8)表演教学法；(9)自动教学法。

2.巴班斯基把教学方法分为：(1)组织认识活动的方法(知觉、逻辑认识、实习)；(2)刺激和形成学习动机的方法(兴趣、责任)；(3)检查方法(口头的、直观的、实际操作的)。

(二)现代教学方法分类

1.从思想体系上，教学方法大致可分为两大类：一是注入式，一是启发式。

2.从教学经验上，教学方法大致可归为两类：一类是使学生初次感知知识和技能的方法；另一类是使知识得到进一步理解、发展和深化的方法。

3.从教学实践上，教学方法大致有几十种。几千年来，中外教育家在教学的实践中，探索总结出了各种具有价值的教学方法。归纳起来有演讲法、讲授法、谈话法、讨论法、雄辩法、问答法、读启法、悬念法、阅读法、读书法、发现法、演示法、实验法、参观法、练习法、直观法、诱导法、叙述法、指导法、掌握学习法、程序教学法、问题教学法、暗示教学法、范例教学法、纲要信号法等[1]。

(三)根据培养目标不同，有以下分类方法[2]

1.基于知识和技能掌握的教学方法

这类教学方法主要着眼于学生知识和技能的获得和智力的发展。讲授、谈

---

[1] 巫树昌、黄禾荣：《教学方法浅谈》，《四川教育学院学报》，1999年第4期。

[2] 杨九俊：《学习方式的变革》，江苏教育出版社，2006年版，第241、242页。

话、阅读指导、演示、观察、参观、实验、练习、实习等都属于这类方法。当前讨论得比较多的是奥苏贝尔的有意义接受学习法。

2.基于学生能力培养的教学方法

(1)问题解决教学法

这种教学法是基于培养具有积极性、独立性、创造性精神的学生的需要而产生的，其核心问题就是培养学生的问题意识。前苏联心理学家马秋斯金对其进行了系统论述。他认为问题情境包括三个成分：(1)新的、未知的东西。(2)对未知的东西的需要。(3)学生已有的水平。问题教学的基本阶段为：(1)运用已有的方式解决问题，遇到困难。(2)产生问题情境，寻找新的解决问题的方式，发现新的关系或原则。(3)已被发现的原则的体现。(4)对所获得的解答的正确性检验。

(2)引导发现法

这是一种让学生独立学习，自行发现问题，掌握原理、法则的教学方法，代表人物是美国心理学家布鲁纳。引导发现法有利于创造性思维的培养，有利于培养勇于探索的意志力和敢于向传统挑战的无畏精神，有利于学习效率的提高。

(3)尝试教学法

尝试教学法的基本思想是尝试成功，以培养学生学习的自信心和积极情感。这种教学法能够有效培养学生的自学能力，促进学生智力的发展，同时能够提高课堂教学效率。

(4)自学辅导法

指学生在教师的指导和辅导下，通过阅读课文的例题、例图，在已有的认知基础上进行自学、自练和自改作业，以获得知识，发展能力，并在学习的过程中自我调节，形成自学习惯的一种方法。

3.基于学生情感、态度和价值观培养的教学方法

这种类型的教学法依据是社会互动理论，强调教师与学生、学生与学生的互动影响和社会联系，着眼于社会品格的培养。属于这种类型的教学方法主要有非指导性教学、暗示教学法、情境教学法、成功教学法、愉快教学法、游戏教学法等。

第四节　教学方法的选择和运用

教学是一个极为复杂的系统，教学方法的选择和运用是教学系统中的重要环节。教学方法的合理选择和运用是实现教学最优化、提高教学质量的保证。

一、影响教学方法选择的因素

教学方法的选择，受到很多因素的影响。例如社会文化主流、教育体制自身特点、地理位置环境等。以上因素可以总结为四个主要因素，即教育者、受教育者、教学内容和教学环境。

(一)教育者对教学方法选择的影响

教育者是教育的实施者，因此教育者的教育理念和专业素养从一定程度上影响教学方法的选择。现在大多数工作在一线的教师，可以按照教学进度完成教学任务。他们认为按照教材和习题，把知识准确无误地传授给学生，学生能理解掌握所学知识，并且能够学以致用就完成了教学任务。提及"选择什么教学方法进行教学"、"为什么要使用这些教学方法"时，却说不清楚。虽然部分有条件的学校，对一线的教师进行继续教育，但是结果并不理想。有些教师被迫参加培训，有些教师是为了得到相关的证书，即使有些教师掌握了其他的教学方法，也未必会应用于自己的教学过程。传统的教学方法，使用起来省时省力，只要管理好课堂纪律，就可以流畅地完成教学任务，还可以为学生打下良好的知识基础。

若采用比较开放的教学方法，课堂纪律控制不好，很难达到预想的教学效果，还需要考虑学生能力、教学用具的筹备等因素。

一些有着丰富教学经验的老教师，他们通常会采用比较传统的教授法进行教学，对于新的教学方法，接受得很缓慢，甚至不接受，仍然按照自己的习惯开展教学活动。另外，只有在一些公开课或者教研课上，教师才会考虑采用除了讲授法以外的教学方法，让学生获得自主性。有时也会给学生布置课外作业，让学生进行探究学习。平时的数、语、外教学，学生还是处于被动接受的状态，教师讲授，学生听课、练习，完成学习任务。

(二)学生对教学方法选择的影响

1.学生的学习态度对教学方法选择的影响

教学是双边活动，是教师与学生互动的过程。很多教师都深有体会，如果学生对所学的内容感兴趣，课堂上学生都积极响应教师的提问，课堂气氛高涨时，会选择让全体学生同时回答问题；如果学生的反应不是很积极主动，教师只能提问个别学生，或者"一讲到底"。

2.学生的能力对教学方法选择的影响

学生是学习的中心。教学活动要围绕着学生开展，教学方法的选择也要适应学生的能力。班级里基础薄弱的学生所占比例较大时，最好采用讲授法进行教学。讲授法有利于帮助其打好良好的知识基础；如果学生的思维比较敏捷、灵活、开阔，可以使用探究法进行教学。另外，不同年级的学生，年龄特征不同，心理特征也不同。低年级的学生，更适合选择直观教学法，调动学生的视觉、听觉、触觉等感官进行教学；中年级的学生，可以适当采用讲授法与尝试法相结合的形式教学；高年级的学生，接受能力和学习能力相对有所提高，为探究法提供了一定基础。因此，要针对不同能力的学生，选择不用的教学方法。

(三)教学内容对教学方法选择的影响

教学内容是教学的主要因素之一。教学方法也受到教学内容的难易程度、学科的性质的影响。曾经有这样一件事情：某学校一位数学教师在讲"二项式定理"的内容时，认为如果再像过去一样采用讲授法来教的话，就过时了。于是他把二项式定理的结论写在黑板上，在没有给学生提供任何辅助材料的情况下，让学生自主探究二项式定理的发现过程。结果，全班学生不知所措，过了半个小时，这项内容的学习仍毫无进展。这位老师的新教学方法，也让前来观摩听课的老师们大惑不解[1]。类似的案例还有很多。虽然教师考虑到改变教学方法确实新颖，希望能够促进教学，提高教学效果、效益。但是结果却适得其反，探究教学法并不适合这节课的教学内容，整堂课既没有完成教学任务，也没有培养学生的数学思维。

现今的教学理论层出不穷，但是需要说明的是，并不是所有的教学方法都适用于所有教学科目。例如语文、英语等学科，讲授法和角色扮演是主要的教学方法，尝试教学法与探究教学法采用的较少；音乐、美术、体育等学科，观察法和演示法采用的较多。由此可见，教学内容从一定程度上决定了教学方法的选择和运用。

(四)教学环境对教学方法选择的影响

从一般意义上讲，教学环境可以分为广义的教学环境和狭义的教学环境。广义的教学环境包括社会环境、经济环境、政治环境、家庭环境等。狭义的教学环境是指教学场所、教学设施、校风校纪、师生关系等。无论是广义的定义还是狭义的定义，都对教学方法有影响。本文主要讨论狭义的教学环境对教学方法的影响。

---

[1] 王本陆：《课程与教学论》，高等教育出版社，2004 年版，第214页。

1.教学场所

教学场所的环境包括温度、光线、颜色等。这些因素可以影响学生的情绪，温度适宜，光线柔和，再加上暖色的装饰，可以使学生处于舒适愉快的学习状态，提高学生的学习效率。教室里应保持空气新鲜，防止学生大脑缺氧。同时要减少红色装饰，心理学研究表明红色容易使人感到紧张、急躁，对学生的情绪造成极大的负面影响，降低学习效果。

2.教学设施

信息技术教学，已经不再是一个新鲜词汇。信息技术教学，给教学活动带来了极大的方便。教学资源更加丰富，教学材料可以重复使用，节省了教师大量的时间和经历，使教学活动不再呆板，也拓宽了学生的视野。然而，在现阶段，并不是所有的学校都配有多媒体设备。条件稍好的学校有电视机、影碟机，条件不好的学校仍然在使用录音机。这些传统的设备，能够利用的资源极其有限，也只能调动学生的听觉系统，教学效果自然没有能够同时调动视觉和听觉的多媒体设备效果显著。在多媒体的配合下，一些不能在课堂上展开的实验或其他教学活动，可以选择演示法，模拟实验条件，帮助学生理解和掌握教学内容。

二、教学方法的运用

《基础教育课程改革纲要(试行)》中要求"教师在教学过程中应与学生积极互动、共同发展，要处理好传授知识与培养能力的关系，注重培养学生的独立性和自主性，引导学生质疑、调查、探究，在实践中学习，促进学生在教师指导下主动地、富有个性地学习"。因此，教师在运用教学方法时，首先要遵循《基础教育课程改革纲要(试行)》的宗旨，树立"以学生为主体"的教育观。教学方法的运用，是将教师、学生和教学内容有机地联合起来。从学生的心理特征和年龄特征出发，依据教学科目、教学内容的特点正确地选择、运用教学方法。那么，如何正确合理地运用教学方法呢?

1.明确教学目标及重点、难点

在实施课堂教学时,教师必须明确教学目标,即学生应该学习什么,最后达到怎样的目标。其次是明确教学内容的重点和难点,以便进行教学设计。

2.尽可能多地搜集教学方法

明确了教学目标和重点、难点,就要尽可能多地搜集教学方法,将各种各样的教学方法列出。

3.分析各种教学方法的利弊,进行比较

分析所列教学方法的优势和劣势,进行比较,选择适合课堂教学的方法。例如讲授法适合讲解基本原理,探究法适合有实验的课程等。

4.合理地选择和运用教学方法

在教学过程中,教学方法的选择和运用要根据实际情况,可能会是多种教学方法的综合运用。

三、教学方法综合的形式与原则

(一)教学方法综合化的几种形式[1]

1.连贯式

这种形式是指在一个连续的教学过程中或在完成某一较大的教学任务时,依次运用多种教学方法。连贯式综合法要在教学方法运用的时间上先后排列,构成一个完整的体系,要注意多种教学方法自然、流畅地衔接。

2.并列式

并列式是指在同一时间或几乎在同一时间同时采用几种教学方法完成同一内容或同一任务的教学形式。这种综合比连贯式更加完善,使教学方法结合得更加

---

[1] 范树成:《论教学方法综合化的形式》,《教育评论》,2001 年第 6 期。

紧密，但是运用难度较大，对教师的要求较高。并列式综合法的另一个弊端是教学方法只是形式上结合在一起，本质上并未形成整体的新的教学方法。

3.渗透式

渗透式就是在原来的教学方法中渗透其他教学方法的指导思想和基本要求。它是以某一教学方法为基础、为主体的教学方法的综合，是一种比较容易实现的、能较好地克服原教学方法缺陷的教学方法综合化形式。

4.要素组合式

要素组合式就是根据教学需要将有关教学方法的基本构成要素组合在一起，形成一种新的教学方法。这些构成要素有：(1)自学；(2)问题；(3)讲授；(4)讨论；(5)探究；(6)归纳；(7)实践；(8)评价。教师可以根据教学需要，将以上要素组合，创造出新的综合性的方法。

5.融合式

融合式是指将两种以上原来孤立的教学方法有机结合，形成全新的教学方法。这种以融合性质形成的新教学方法，可以克服原来教学方法的缺陷，具有新的优越性，能够发挥扬长避短的效果。

(二)教学方法综合的原则[1]

在综合使用教学方法时，要考虑以下几个方面：

首先，以整合教学的三维目标为旨归。在教学过程中，教师应该有意识地综合运用各种教学方法，整合知识与技能、过程与方法、情感态度与价值观三维目标，将新课程的价值追求落实到课堂教学中。

其次，注重师生之间的多向交往。教学方法的设计应激发师生之间的多向交往。多向交往是一种师生交往和同学交往相结合的形式，它通过师生主客体角色

---

[1]　杨九俊：《学习方式的变革》，江苏教育出版社，2006年版，第244页。

互换，尽可能使学生最大限度地参与和获得体验。

再次，教学方法要多样化，多运用现代教学方法。教学过程具有一定的复杂性，只有多种方法相结合才能实现教学过程最优化。教学方法要大胆创新，不断改革，适应新形势和新目标的需要。

最后，教学方法要符合学生的认知结构和心理状态。不同的学生具有不同的认知结构和心理状态，教师要了解学生的心理特征和差异，使教学方法与学生相适应。

案例1-1　趣味学拼音六法[1]

在汉语拼音教学中，我根据儿童心理发展规律，采取不同的教学方法，激发了学生的学习兴趣，实现了认知与情感的和谐统一。

一、插图提示法

汉语拼音教材中的插图具体直观、贴近生活、富有情趣。在教学中，教师应根据编者意图，从课文的插图入手，启发学生发现插图跟字母音形的内在联系。例如：在教声母k时，先让学生观察图上画的是什么？（生：图上有小蝌蚪和水草）你们喜欢小蝌蚪吗？（生：喜欢）这些可爱的小蝌蚪在那干什么？（生：小蝌蚪在水草边玩）接着板书k让学生看，这个字母像什么？（生：它像两只小蝌蚪靠在水草边玩）

这样结合看图，启发学生想象，不仅增加了儿童情趣，而且能帮助学生记忆字母的音和形。

二、创设情境法

创设情境法是指在课堂教学中，教师用语言、插图、演示教具、表情等手段把学生带入情境，从而使学生在一个愉悦、宽松的环境中积极主动地参与学习的

---

[1]　摘自 http：//www.pep.com.cn/index.htm。

方法。比如我在教u的四声时，运用教具演示，边演示边模拟汽车开动的声音发u的四声，学生们看到后感到很有趣，也跟着我做手握方向盘的姿势，并且边开车边发音。随后，我就向学生总结规律："一声道路平又直，二声就像上山坡，三声下坡又上坡，四声就像下山坡。"这样让学生的脑、眼、手、口多种感官协调活动，化难为易，学生学得特别轻松愉快。

三、趣味故事法

小学生的心理特点是最容易接受一些生动具体又有趣的知识。因此，在教学中，教师可讲一些与课文内容紧密相关的故事趣谈，创造一个愉快而紧张的氛围，培养学生的想象力、创造力。如我在教整体认读音节yi、wu、yu时，先讲一个故事：有一天，i、u、ü三个小孩要到公园去玩，可是他们三个年纪太小了又不认识路，怎么办呢?它们就请大y和大w带路，大y带着小i一块走了，就成音节yi(领读)，大w带着小u走了就成了音节wu(领读)，只有小ü没人带，它急得哭了，两滴眼泪直往外流，怎么办呢?大y听到哭声转过身来，见小ü哭得好伤心，于是来到它身边，摸摸它的头说："好吧，我再带一个，可是你得把眼泪擦干净，记住不许哭。"小ü高兴极了，边走边唱着歌："i、u、ü单独走，大y大w来带路，小ü眼泪擦干净，大家齐步向前进。"这样把知识化为有趣的故事使学生对整体认读音节yi、wu、yu接受快，理解深，记忆牢，还能使学生对ü跟大y后面去掉两点引起注意。

四、游戏学习法

游戏学习法是指在课堂教学中，通过学生参与游戏活动，在游戏中获取知识，发展思维，培养能力，达到寓教于乐。

教育心理学研究的成果表明，儿童的思维是从活动开始的，在活动中，孩子的大脑处于高度兴奋状态。因此，在教学中我经常采用游戏学习法，让学生在玩中思，玩中学，使认知与情感融为一体。

如在学习整体认读音节后，我设计了如下练习(出示图：图上画的是一棵大树，树上结满苹果，苹果上写着整体认读音节)。师：秋天到了，果园丰收了，我们一起去果园帮农民伯伯摘苹果好吗？(生：好极了)农民伯伯还说了，如果你能带领全班同学读一读苹果上的音节，他就把这个大苹果送给你，你们想不想要？学生很兴奋，有的同学甚至说："老师，我最爱吃苹果了，叫我去吧，我肯定能读对。"这样紧密结合课文，针对儿童年龄特征安排一些游戏，使学生在轻松愉快的气氛中，体会到学中有趣、趣中有知，使认知活动与师生情感交织在一起。

五、歌诀巩固法

儿童的感知具有模糊性，对音形相近的字母容易混淆，若采用编写儿歌、口诀来辨别巩固字母的音和形，学生学后会印象深刻。例如：ü 上两点的省写规则可以编成："小 ü 真骄傲，两眼往上翘，j、q、x，来帮助，摘掉了骄傲帽"；或者："小 ü 见到 j、q、x，擦掉眼泪笑嘻嘻"。再如："bbb 听广播，ppp 把水泼，小马快跑 ddd，气球上升 qqq，拐棍加横 fff，伞把撑开 ttt，小鸽子 ggg，小草蝌蚪 kkk，像把椅子 hhh"等。这些儿歌突出了字母形体的特点，形象生动，学生便于记忆。

六、自主创新法

古人言："授人以鱼，只供一餐之需；授人以渔，方为终生受用。"因此，教学应注重交给学生学习的方法，使其终生受用。

例如：在教学拼音 c 时，我问学生："谁能想个办法记住这个字母？"有的同学弯下腰说："同学们看我现在像不像 c？"还有的伸出左手用拇指和其他四指，摆成 c 状，说："我这才叫像呢！"学生们兴趣高涨，并由此一发不可收拾，有的说："c 好像是一个月饼，被人咬了一口。"还有的用手摆成弯月状，说："老师，这不是一个月牙吗？"同学们为了证明自己的方法与众不同，想出了许多方法，竞相发言："老师，我有个好办法。""老师，我想得比他的好。""老师我这个办法最好了。"学生的创造之门由此被打开。

当学习成为一种乐趣时，学习才更为有效。在汉语拼音教学中，教师要注意创情、激情，将师生情感融于学生的认知活动全过程，这样就会大大提高学习效率，促其较快地掌握汉语拼音。

第二章　中小学常用的课堂教学方法

第一节　语言性教学方法

以语言传递信息为主的教学方法，是指教师以语言为媒介，向学生传授知识、技能以及学生运用语言技能独立阅读的教学方法。语言是人们进行社会交际的重要工具，在教学过程中也离不开语言，知识的传授主要靠的是书面语言和口头语言。在《义务教育语文课程标准》的总体目标中，对学生语言、文字的掌握也有明确的要求，"具有独立阅读的能力，学会运用多种阅读方法；能具体明确、文从字顺地表达自己的见闻、体验和想法；在发展语言能力的同时，发展思维能力"等。而且学生的语言锻炼和发展也是培养思维的一个重要方面。因此，以语言传递信息为主的教学方法在教学过程中被广泛使用。以语言传递为主的教学方法包括讲授法、谈话法、讨论法和读书指导法。

一、讲授法

讲授法是指教师使用连贯、生动的口头语言向学生系统地传授知识，发展学生智力和能力，提高学生思想认识的教学方法。讲授法是历史最悠久，也是教学史上最主要的教学方法。虽然许多现代化的教学手段进入教学领域，但是在使用这些教学方法时都离不开讲授法。讲授法是其他教学方法的基础，也是最为常用的有效方法。

讲授法的优点在于，讲授法能够在较短时间内，向学生传授大量的、系统的科学文化知识，教学效果显著。教师也可以通过讲授法培养学生的思想品格、发展学生的智力、教授各项技能等。讲授法能够激发学生的情感共鸣，达到对学生进行美感教育的目的。

(一)讲授法的类型

在实际的教学过程中，依据讲授本身的特点和讲授的科目、内容、形式不同，可以划分为讲述、讲解、讲读、讲演、讲评等类型。

1．讲述。讲述主要是指教师以用语言对事物进行叙述和描述的方式向学生传授知识的教学方法。尤其在中小学低年级的教学中，教师通过生动、形象的讲述帮助学生在头脑中形成事物的表象和概念，使学生对事物留下深刻印象，加强学生的理解和记忆。因此，讲述法被各学科广泛采用。

2．讲解。讲解是教师采用系统严密的语言向学生说明、解释和论证科学概念、原理、公式和定理的方法。讲解法又可以划分为解说式、解析式和解答式三种，主要适用于中小学数学、自然、科学等学科教学。

3．讲读。即讲、读、写等交叉、综合运用的方法，有时也加入练习活动。在讲读过程中，既有老师的讲和读，也有学生讲、读、练的参与。讲读法更多运用于语文和外语的学科教学。在中小学教育阶段，讲读法可以调动学生的多种感官，提高学生的学习积极性以及学习效果。

4．讲演。讲演是指教师把教学内容以专题的形式，对其进行系统的分析、论证，并作出科学结论的方法。讲演只要是以演说和报告的形式进行，有分析、概括，有理论、实践，与一般的学术报告相似，但是在广度和深度方面低于学术报告。讲演相对于讲述和讲解，讲演所涉及的问题较广，难度也较深，因此讲演法更适合在中小学高年级教学中使用。

5．讲评。讲评是教师对学生课堂问答和课下作业进行客观、准确的点评和分析，或对某一事物或现象进行评论的方法。在介绍新的观点或新的发现时常使用讲评法。

(二)采用讲授法应该注意的问题

1．注重讲授的科学性。科学性要求教师在讲授时必须保证所讲内容的科学性，教学语言必须规范、准确，对知识的讲解绝不能出现错误。中小学生的知识经验贫乏，分辨能力较差，一旦形成错误认知，很难再改正过来。另外，中小学生的认知水平有限，一些偏难的、有争议的知识不宜进行讲授，中小学生既不能理解，也无法按照教师预期建构知识，还会消耗掉大量的时间和精力。

2．注意讲授的教育性。教师除了要教会学生知识，还应该将思想品德教育适当融入各科课堂教学中。这就要求教师要深入教材，了解学生的心理特征，抓住教育时机，引起学生在思想上的共鸣，从而实现教育目标。

3．注意讲授的启发性。讲授法是教师进行教学时采用的基本教学方法。但是在过去很长一段时间里，教师对讲授法的运用不得当，形成了"注入式"、"满堂灌"的课堂。其实，讲授法并不等同于注入式教学。讲授法本身无所谓启发式还是注入式，关键是看运用讲授法时的指导思想[1]。王本陆教师认为在运用讲授法时，如果能坚持启发性原则，即调动学生兴趣，启发学生思维，使学生主动认知，最终达到掌握知识、发展智力和培养能力的目的，那么这就体现了讲授法的启发性。相反，如果教师只注重知识的传授，忽略学生思维、情感的培养，在整堂课的教学过程中，教师一直处于主导地位，学生只是处于被动的听的角色，师生间缺乏互动、交流，那么这就形成了前面提到的注入式教学。

4．注意讲授的实效性和艺术性。中小学生的心理发展不成熟，自控能力较

---

[1]　王本陆：《课程与教学论》，高等教育出版社，2004 年版，第 219 页。

差，难以长时间保持注意力集中。有关研究表明，7～10岁的儿童的注意力集中时间约为20分钟，10～12岁约为25分钟，12岁以上约为30分钟[1]。因此，中小学教师的讲授时间不宜过长，尽量在上课后15分钟内完成教学内容重点、难点的讲授，避免学生分散注意力，影响学习效果。

案例2-1　教师的一句话

快下课了，竞选活动接近尾声，台下的学生正在紧张地统计自己给刘明选手评分的结果，教师边巡视边漫不经心地说："大家动作快点！0.5分可以忽略不计，统计出结果就行了，不用那么精确！"……

教师的语言使我大吃一惊，太随意了，"0.5分可以忽略不计，统计出结果就行了，不用那么精确！"这其中传递的是一种怎样的态度？是一个怎样的价值观呢？比赛结果可以不那么精确！或许教师说这话的时候压根儿就没想到这些，但这些却不能不想，因为在许多时候，教师简简单单的一两句话都足以影响学生的人生态度！

评析：教师恰当的一句话，也许可以使学生终身受益，一句不恰当的话，也许会伤害到学生的自尊心、人生态度等。教师不仅要教会学生知识，更重要的是要培养学生的情感、态度、价值观。因此，教师的语言要有计划性，严密性和目的性，做到灵活但不随意。

案例2-2　"真分数和假分数"教学片段

全课总结后。

师：你们认为假分数是假的分数吗？

（引发学生争辩）

---

[1]　王本陆：《课程与教学论》，高等教育出版社，2004年版，第220页。

正方：我们认为，假分数不是假的分数。因为它也有分数线、分母、分子，并且符合分数的意义。

反方：我们认为，假分数是假的分数。因为一些假分数实际上就是整数，还有一些假分数可以写成带分数，而带分数是由整数和真分数合成的数。

师：同学们说的都有道理。其实，真分数和假分数只是数学中对分数的一种分类方法，为了便于研究。在这里，你们可千万不要"打假"哦！

评析：列宁说："幽默是一种优美的、健康的品质。"幽默的语言可以使枯燥的知识变得有趣，可以消除学生的紧张感，可以激活学生的思维，可以让课堂充满活力。当然，幽默只是活跃课堂气氛的辅助手段，教师在使用的过程中要掌握好幽默的度，避免喧宾夺主，影响正常的教学。

案例2-3 不一样的两节课

1.(1)请小朋友自己拼一拼这些词语。(2)请小朋友一目双行，既看拼音也看汉字再读这些词语。(3)将每一行的三个词语连在一起读。

2.(1)今天，我们举行读拼音词比赛，看谁最先读会。(2)我们继续比赛，看谁的小眼睛最厉害，能同时看两行，既看拼音又看汉字，赶快试试。(3)小朋友吃过糖葫芦吗？(生：吃过)糖葫芦一串一串的，很好看，下面我们把刚读的词语三个串成一串，试试你们会串吗？

上面两节课，教学环节一样，但学生的表现不同：案例1中，学生表情木然，读书声稀稀拉拉。案例2中，学生读得眉飞色舞，并且一个比一个积极，很快便像背小诗一样，绘声绘色地背出了词串。

评析：两个案例，教学内容相同，教学环节相同，只是教师的语言不同。案例2中的教师激发了学生的兴趣，调动了学生的积极性，实现了学生的自主学习和自主发展。新课程理念下，要想讲好一堂课，精巧的教学设计和构思是必要的，但是更重要的是教师能够用语言吸引住学生，能够把学生的"需要听"变成"喜欢听"，让学生能够全身心地投入到课堂教学活动中，让学生在不知不觉中掌握知识。

案例2-4　是课堂，还是"木偶剧"

教师微笑着说："谁愿意到前面当老师？"一个女孩走到前面，手里拿着教师事先给她的教案，学着老师的腔调，严肃认真、一本正经地开始了授课："谁认识这个词，读一读。"一名学生读得正确，小老师鼓励道："你读得真准！"小老师又说："男生读一读。"男同学读完，她盯着教案补充道："男生的声音真洪亮，女孩向他们挑战，也来读一读。"女同学读完，小老师又进行下一环节的教学："'招呼'这个词在哪句话中，快找一找，读出来。"在小老师的指令下同学完成了任务，接着她继续提出："谁来和大家打个招呼？"学生纷纷用手势或声音表示。"你们能通过动作理解'招呼'的意思真了不起！"小老师照着教案又来了一句。当识字环节进行完之后，小老师才终于照着教案说了最后一句话："好，我就讲到这里，谢谢大家！"

评析：新课程改革，要求注重以学生为主体。案例中的教师注意到这一点，让学生扮演教师的角色，站在讲台上给同学上课，但是这种方式真的让学生成为主体了吗？答案是否定的，在案例中，教师忽略了自己是教学组织者、引导者的身份，却成为学生表演的操纵者，课堂变成了一出"木偶剧"。

案例2-5　《我的伯父鲁迅先生》教学片段

教授《我的伯父鲁迅先生》，教师这样引导学生掌握对话描写的方法：

师：同学们读了课文，你发现文中的对话有哪些特点？

生1：文中对话符合人物的身份。

生2：这些对话有四种句式——说话人写在前面，说话内容在前面，说话人写在后面；说话人写在中间，说话内容在前面和后面；只写说话内容，不写说话人。

师：你知道这四种句式各在什么情况下运用吗？（学生答不出，教师直接介绍）

生3：我还发现每个人的对话分行写。

师：对。你知道这些对话为什么要分行写吗？（学生答不出，教师直接介绍）

评析：讲课也是一门艺术，教师不仅要知道讲什么，更要知道如何讲。有些教师很怕讲，有些教师依据教材照本宣科，并不能激发学生思维，达到举一反三的目的。叶圣陶先生说："教师务必引发学生的能动性，引导他们尽可能自己去探索。"教师要在学生对而不明、遇到困难或是出现对知识误解的情况下，进行详细的讲解。

二、谈话法

谈话法也称为问答法。问答法是根据教学目标、任务和内容，教师和学生以口头语言问答的方式进行教学，引导学生获得、巩固知识的一种方法。在我国古代，教师常用谈话法来启发学生，古代希腊哲学家苏格拉底也曾用这种方法进行教学，被称为"产婆术"。谈话法在中小学的运用非常普遍。

教师可以通过谈话法了解学生的学习、心理状况，从而对教学过程进行有效调控，实现因材施教；谈话法也有助于教师掌握学生的思维品质，便于激发学生的思维活动，教师可以更好地训练、优化学生的思维；教师采用谈话法还有助于锻炼学生组织能力和语言表达能力，培养学生的综合能力；谈话法还有助于教师与学生交流、互动，实现情感交融，达到相互提高、共同发展的目的。

(一)谈话法的形式

1.启发性谈话。启发性谈话是指教师在学生已有知识结构的基础上提出未学习过的新问题，启发学生的思维，引导学生回答问题，为学习新知识打下基础。

2.传授性谈话。传授性谈话是指教师在向学生传授新知识的过程中，根据教学内容提出学生尚未形成结论的问题，引发学生的思维，传授新知识的方法。

3.复习性谈话。复习性谈话是指教师在学生所学知识的基础上设计问题，通过学生回答问题，帮助学生巩固知识，掌握所学内容的谈话。

4.总结性谈话。总结性谈话是指在一个课题、单元或学段的教学活动结束后，教师提出一些能够概括所学内容的问题，让学生回答，达到总结和全面复习的目的。

(二)运用谈话法时应注意的问题

1.谈话前要明确教学目的，把握教材的重点难点，了解学生情况，针对不同的教学内容，不同学生，拟定谈话提纲和步骤，选择谈话方式，设计好谈话问题。教师在设计谈话问题时应注意：问题的依据是教学目标、任务、教学内容以及学生的身心特征；问题要有引导性和启发性，能够促进学生思维和智力的发展。

2.谈话过程中教师要善于提问。教师在向学生提问时，语言要准确、简洁，尽量不使用双重否定句，问题要能引起学生的兴趣。问题要有逻辑性，由易到难，由浅入深，层层递进；问题要有典型性和针对性，既要面向全体学生，又要因人而异。教师还要抓住提问的时机，在学生"心求通而未得其意，口欲言而未能之貌"时向学生提问。

3.谈话结束后。谈话结束后，教师要做好归纳总结工作，使学生的知识系统化、完整化，纠正学生的错误认识，澄清模棱两可的答案。

案例2-6　教师不应该有的语言

1.有的教师说话时常夹杂着"嗯"、"啊"、"这个"、"那个"等无意义的口头禅；有的教师常会在学生回答后附带"是这样？""对吗？"等暗示性话茬。如此"弦外有音"导致后面发表意见的学生异口同声"临阵倒戈"。也有的教师总喜欢询问学生"你们想学吗？""你们学会了吗？""你们学得开心吗？"等话语，学生总能不假思索地做出肯定回答，教师感到心满意足。

2. 有的教师说话喋喋不休、翻来覆去，总担心学生学不会、记不牢；有的教师组织学生进行操作、合作等活动前，总不忘了"关照"和提示学生，防止学生想入非非、误入歧途，便于学生更快、更好地达到"标准"。例如：一位教师让学生在平行四边形纸上画高后，才让学生进行平行四边形面积计算公式的推导活动。

评析：教师的语言，一定要言简意赅，避免出现口头禅。教师也许感觉不到自己多次说出口头禅，但是学生却会留心，甚至会数这些词的出现次数，成为课下谈资。这种现象既影响学生听课效果，又影响教师的形象。因此，教师的语言应追求"约而达，微而藏，罕譬而喻"，简练的话语，有时更耐人寻味。

案例2-7 "有余数的除法"教学情境的创设

"有余数的除法"创设了学钉纽扣的情境，学生用学具片代替纽扣进行操作。其间，教师接连提出了以下问题：

(1)把16个纽扣平均钉在4件衣服上，你打算怎么钉？

(2)你的想法跟他一样吗？怎样用算式表示钉的结果？

(3)把16个纽扣平均钉在5件衣服上，你打算怎么钉？把结果告诉同桌。

(4)你的同桌是怎么说的？能告诉大家吗？你的同桌说对了吗？

(5)两次钉的结果有什么不一样？为什么第二次钉会有多余？这多余的纽扣钉在其中一件衣服上行吗？为什么？

(6)如果一件衣服要钉5个纽扣，能钉几件衣服？自己动手试一试。

(7)能告诉大家你的结果吗？为什么也有多余？还能再钉一件衣服吗？

(8)第二、三两种钉纽扣的情况和第一种有什么不同？你能给这多余的数取一个名字吗？

(9)能用算式表示第二、三种情况吗？先自己试一试。

(10)你写的跟他的一样吗？

(11)像这样平均分还有余的，也要用除法计算。这种除法叫什么？……

评析：案例中，教师为了使学生更容易理解"余数"和"余数除法"，设计了"钉纽扣"的情境，让学生在动手操作的过程中，步步为营，问题一个接一个，引出两个概念。在这个教学环节中，教师竟然提出了20多个问题，而这些问题无法激发学生的兴趣和内在需要，学生漫不经心的回答也无法反映思维的深度，这样的提问无法提高学生的学习能力。

案例2-8　人教版《美术》第一册"画汽车"教学片段

师：今天你们带来了那么多漂亮的汽车，又看了许多新型的汽车，现在老师请你们说说，你们认识了哪些汽车？

生：警车、消防车、邮政车、救护车、洒水车、吊车、大大的汽车……

师：同学们，今后你们有了自己的汽车你想用它来干什么？

生1：开车去旅游。

生2：送老婆上下班。(全班大笑)

生3：接孩子放学。(全班再一次大笑，教师尴尬地站立一旁，不知所措)

教师布置课后延伸题：(1)汽车是谁发明的？(2)汽车有哪些主要机器部件？

评析：案例中，教师一方面忽略了儿童的年龄特点，在问题1中应该把汽车归类，帮助学生识别和记忆。另一方面，教师忽略了儿童的认知规律，在学生的日常生活中，汽车就是被用来出去玩、接送老婆、孩子上班上学。学生的回答没有错，却超出了教师的预想。在问题3中，知道汽车是谁发明的以及汽车的机器部件对于一年级的小学生来说，超出了他们的能力和范围，这种知识的延伸就失去了意义。

三、讨论法

讨论法是指根据教学的要求，学生以班级或小组的形式，围绕某些问题各抒己见，通过讨论或辩论，提高认识，获得知识或巩固知识的一种教学方法。讨论法以语言传递为主，又具有探讨的特点，也被认为是一种研究性的教学方法，是在中小学教学中常用的教学方法。

讨论法要求全体学生都参与讨论，既培养了学生的合作精神，相互启发、相互学习，又锻炼了学生的思维能力、语言组织能力和表达能力。讨论法还有助于提高学生的学习兴趣和独立学习的能力。

(一)讨论法的类型

根据参与讨论的形式，可以划分为班级讨论和小组讨论。根据讨论的内容，可以划分为综合性课堂讨论，主要是用于扩大有关理论知识的学习而组织的讨论；专题性课堂讨论，主要是就某门学科中的个别问题或疑难问题而组织的讨论；研究性课堂讨论是就某一课题进行深入探讨而组织的讨论[1]。

(二)采用讨论法应注意的问题

1.讨论前要注意讨论法使用的对象和范围。讨论法要求学生具备一定的基础知识、理解能力和思考能力，只有知识方面达到一定广度和深度，才能采用讨论法进行教学，因此讨论法一般通用于高年级教学活动。教师要列出讨论题目，编制好讨论提纲，设计好讨论的问题。

2.讨论中，教师要组织好讨论过程。首先教师要引导学生有目的、有组织、有计划地进行讨论，营造良好的讨论氛围，调动学生思维，鼓励学生积极思考，

---

[1] 王本陆：《课程与教学论》，高等教育出版社，2004 年版，第 221～222 页。

敢于发表自己的观点；在讨论中，教师要保证学生的讨论不偏离主题，要求其他同学认真倾听别人发言，养成谦虚好学的学习态度和习惯。

3.讨论结束后，教师要指导学生做好讨论记录，分析和综合不同的意见和观点，最后得出科学的结论。

四、读书指导法

读书指导法是指教师教给学生阅读的方法，通过学生阅读教材或相关材料，获得知识、发展智力、养成良好阅读习惯的方法。新课程标准要求培养学生阅读教科书和课外读物的能力，因此读书指导法在教学中具有重要地位。

读书指导法有助于培养学生的阅读能力，从一定方面教会学生学习，发展学生自学能力。读书指导法既强调学生的"读"，又强调教师的指导。

采用读书指导法应注意的问题：

1.阅读从教科书开始。教科书是学生在学校学习生活中获得知识的主要来源，因此教师指导学生阅读必须从教科书开始。教师要培养学生阅读的兴趣和爱好，使学生热爱读书。

2.教授科学的阅读方法。教师要针对不同的学科性质，不同的教学内容，教授学生不同的阅读方式，尤其是对学生预习和复习活动的指导。在学生阅读的过程中，教师可以指导学生在书上做记号、标重点、写注释等，以便学生做好读书笔记。

3.阅读课外读物。除了教科书以外，教师还要指导学生阅读课外读物，开拓知识领域，满足多方面兴趣爱好，丰富精神生活，使学生的智力和能力得到全面发展。不论是教科书的阅读或者课外读物的阅读，教师都应教育学生养成专心致志、学思结合、勤于思考的学习习惯。

案例2-9 《水调歌头·明月几时有》教学片段

师：下面请大家再读全词，选出你最喜欢的词句，说说你喜欢的原因。

生1：我最喜欢全词的开头两句："明月几时有？把酒问青天。"一个"把"字真实地再现了诗人月下独酌、欲将自己的无限愁闷向月亮倾诉的形象。

师：说得真好。诗人一开头就借幻想中的月宫境界，发出了"明月几时有"的疑问。举杯独酌，"把酒问青天"。一个"把"字使诗人的形象栩栩如生地出现在我们的面前。请为XX同学的精彩发言鼓掌。(学生鼓掌)好，下面请大家继续发言。

生2：我觉得下阕的"转朱阁，低绮户，照无眠"写得很好，"转"、"低"、"照"的主体都是月亮，"无眠"的主体是诗人，这里既写了月光的移动、时间的推移，又写了月亮，又写了诗人内心的不平静，同时很自然地过渡到对子由的怀念与劝勉。

师：我真佩服XX同学，分析得既准确又全面。这几句词确实既写了月亮，又写了月亮下面的人，是谁呢？当然是诗人苏轼了。天上月圆，人间却亲人分离，这是多么遗憾的事啊！那么，诗人还想到了什么呢？请大家继续发言。

评析：阅读活动的主体是学生，阅读教学的核心是通过学生与文本材料之间的直接对话和学生与学生之间的互相启发与感染，实现新的认知构建。学生思维的连续性、流畅性是获得创造性思维成果的重要保证。受到传统教学中教师的主体地位的影响，教师不能放手让学生自主、能动地阅读和对话。学生刚刚进入阅读情景，教师一而再、再而三地打断学生的交流活动，学生发言后插入自己的点评和讲解。学生一次又一次停下来，聆听教师的讲解，很难回到原先的思维起点，学生思维达不到连贯的效果，对材料的体会和感受自然没有那么深刻。

第二节 以直观感知为主的教学方法

直观感知的教学方法，是指教师通过对实物或直观教具的演示和组织教学性参观等，使学生利用各种感官直接感知客观实物或现象而获得知识的方法[1]。直观性教学法的特点是形象具体，具有真实性，调动学生的感官，视觉、听觉等多种感官相结合，使学生对事物的了解更加清晰明了，留下深刻印象。直观性的教学方法包括演示法和参观法。

一、演示法

演示法是指在课堂教学中，教师以语言为媒介，通过向学生展示各种实物、直观教具，做示范性实验，或者借助于现代化教学设备，让学生运用视觉、听觉等感官获得感性认识的教学方法。演示法直观、形象，符合学生的认知特点，这种教学方法在中小学课堂教学中使用较为广泛。

演示法有助于学生对概念、原理和规律的认识和理解。演示法能够调动学生的学习兴趣，集中学生的注意力，培养学生的观察能力，让学生积极思考，锻炼学生的思维。

教师在使用演示法进行教学时，应该注意以下问题：

1.根据课程目标、教学目标、教学内容，明确演示的目的，准备好演示所需的资料、工具和材料。

2.做好演示过程。教师在演示过程中，适当用语言提示学生观察演示中的重点现象，必要时为学生进行简要讲解。

3.演示过后，鼓励学生总结演示所揭示的规律和现象，引导学生将观察到的现象，从感性认识转换到理性认识，从而获得理论性的结论和认识。

案例2-10　导管功能的演示

有位教师演示导管功能，他事先把带叶的枝条插入红色溶液里，放置于温暖

---

[1] 李秉德：《教学论》，人民教育出版社，1991年版，第192页。

而有阳光的地方晒几个小时。上课时，将枝条一段一段剪下来，分到学生手里。他一边讲，一边提问；学生一边剥，一边观察，一边思考，一边回答。他们观察到枝条的皮没有变红，中间的髓也没有变红，而是木质部变红了。学生看了书很快就明白了其中的原因：木质部里有导管，能输送红色溶液。有的同学还看到叶子也变红了。这样，学生就搞清了导管有输导水和无机盐的功能。

二、参观法

参观法是按照教学任务的要求，教师组织学生到学校以外的社会场所，通过对事物的观察、调查、体验和研究，获得知识，培养学生情感、态度、价值观的教学方法。参观法也以直观感受为主，打破课本与教室的束缚，与学生的实际生活、实际感受紧密结合，通过学生的亲身体验，使学生受到更加深刻的教育。

参观法的类型主要包括以下四种：一是感知性参观，首先使学生掌握必要的感性材料，为学习内容奠定基础而组织参观；二是并行性参观，是在学生学习过程中，方便学生理解、丰富和记忆知识而组织的参观；三是验证性参观，是在课程结束后，为了用事实来检验和论证学生已学的知识而组织的参观；四是总结性参观，是讲授完课程后，组织学生结合所学的内容，到现场做出结论或验证结论而进行的参观。

教师在运用参观教学法时，应该注意的问题有：

1.参观应该依据教学目标，紧密结合教学内容，按照教学要求和现实条件进行参观，这是教学性参观的主要特点。

2.制订好参观计划。确定参观的组织者，参观的时间、地点、对象。参观前，向学生说明参观的内容、目的、意义以及参观中的注意事项。

3.指导好参观过程。在学生参观中，应要求学生认真看，仔细听，多问多记。教师应根据实际需要，配合讲授法，对于参观的重点给予相应的解释说明。

4.做好总结工作。参观过后，教师应该指导学生整理好参观的记录，撰写好参观报告。

案例2-11 走出教室，在生活中学习——《看菊花》教学片段[1]

《看菊花》是苏教版《语文》一年级上册第8课的课文，它以儿童的口吻记述了一家人假日去公园看菊花的情景。通过语言文字使学生感悟菊花不畏严寒、竞相开放的精神，体会作者对菊花的喜爱之情是课文的难点所在。怎样让生活经验和阅读积累相对缺乏的一年级学生走进课文，走进菊花，获得情感上的熏陶和审美情趣上的享受呢？我就开始思索着。

一天早上，我发现为了美化环境，校园里一下子多了许多花卉。其中有一片摆放的全是菊花，黄白绿红，色泽鲜明，和谐有致。尽管它们在瑟瑟的秋风中不住地摇摆，但那依然挺起的腰杆却在无声地向人们展示着它们蓬勃的生机和坚强的性格。看着看着，一个念头闪过我的脑海："这自然气候和校园环境不是很好的课程资源吗？"于是，我走进了教室。

师：深秋时节，大自然有什么变化呢？我们走出教室，到校园中观察观察，好不好？

生(兴奋地)：好！

生：老师，你看，小草枯萎了，树上的叶子也快落光了。

师：你真会观察。

生：快看，天上飞来了几只大雁，我想它们一定是准备飞到南方去。

生：老师，深秋的风吹在身上有点冷，我今天都穿毛线衣和外套了。

生：我知道小树要裹上冬衣，还有青蛙要冬眠了，是前一课《秋姑娘的信》告诉我的。

---

[1] 杨九俊、吴永军：《学习方式的变革》，江苏教育出版社，2006年版，第156页。

师：你能联系学过的知识来讲，真了不起！可是有一种植物，它们在深秋的寒风中一点儿也不怕冷，你们能找到吗？

生(环顾四周，异口同声地说)：菊花！

师：大家读读"它们正迎着深秋的寒风开放呢"这句话，再看看校园里这些菊花的样子，说说你有什么感受？

生：菊花真行，不像有些花草天一冷就枯萎了。

生：是的，天都这么冷了，菊花还开得这么漂亮，它们真勇敢！

生：我刚才还想把外套上的帽子往头上戴，现在看到菊花不怕冷，我也不想戴了。

师：说得真好！那谁来扮演一朵"正迎着深秋的寒风开放"的菊花？

(大家在争先恐后的"我来"、"我来"声中，背对着风站立)

生：不对，书上说"迎着"，应该这样。(面对着风站立)

师：是呀，迎风开放！

生：老师，我看到的菊花是这样的。(挺胸抬头、伸展双臂)

师：棒极了，好一朵迎风菊。来，我们大家一起演！

(学生在操场上争相表演，生动地表现出了菊花一朵朵、一丛丛、一片片迎着寒风竞相开放的情景。学生用自己专注的表情和动情的朗读表达着他们对语言的感悟、对菊花的赞美)

评析·案例中的教师，充分利用学校的资源，带领学生走出教室，到操场上观察、阅读、思考、表演、体验，将课程内容与学生的生活体验联系起来，真正达到了在感受生活中学习语文、在语文学习中感受生活的境界。

第三节　以实际训练为主的教学方法

实践性教学方法是指在学习过程中，学生通过练习、实验、实习等实践性活动，以形成和巩固学生的知识、技能、技巧等的实际训练为主要形式的教学方法。

以实际训练为主的方法以学生的实践为主要特征，强调学生在学中做，在做中学。通过实践活动使学生的认识水平提升到另一个高度，将知识转变成技能、技巧，达到学以致用的目的。实践性教学方法主要包括实验法、练习法和实习作业法。

一、实验法

实验法是在教师的指导下学生运用一定的仪器设备进行独立作业，观察事物和过程的发生，探求事物的规律，以获得知识和技能的方法。实验教学法主要运用于中小学理科课堂教学中。

实验教学法有助于学生直观地了解事物的因果联系，用于对规律的验证等。实验教学法不仅可以加深学生对概念、原理的理解，还有利于激发学生对科学研究的兴趣，培养学生的探究能力和创新思维，提高学生的动手能力。

(一)实验法的类型

根据实验目的和任务的不同，可以把实验教学法分为三种：一是感知性实验，用于学习新知识、新理论之前进行；二是验证性实验，在学习新知识和新理论之后进行；三是复习性实验，用于巩固所学知识[1]。

(二)教师在运用实验教学法时应该注意的问题

1.实验前，教师要准备好实验所用仪器、材料、工具等，并做好仪器设备的检查工作。向学生说明实验的目的、要求、依据的原理、操作过程中的注意事项。分配好实验小组，让学生做好实验记录。必要时，教师需要做示范实验。

2.实验中，教师要尽可能照顾到所有学生，巡回检查，具体指导，保证实验过程的科学性、规范性和安全性，发现偏差应及时纠正。

---

[1] 王本陆：《课程与教学论》，高等教育出版社，2004年版，第224页。

3.实验后，教师要提醒学生，按照要求做好实验记录。教师可指定学生报告实验的过程和结果，然后做出实验评价，以实验的过程和正确的结论进行小结，指导学生认真完成实验报告。

二、练习法

练习法是指在教师指导下进行巩固知识、运用知识、形成技能技巧的方法。在实际教学中，通常是教师依据教学任务和要求，给学生布置相应的作业，学生在教师的指导帮助下，运用所学知识反复完成这项操作，从而达到巩固知识、形成技能技巧的教学方法。

练习法既是一种教学方式，也是一种教学方法。在讨论法中，学生练习自己的表达能力；在实验法中，学生练习操作技能，练习观察和分析能力；有时练习也伴随在讲授法中出现。练习法的特点是，学生需要具备一定的知识，在此知识基础上形成技能和技巧，具有很强的重复性。练习法在教学中的使用范围十分广泛，尤其在中学阶段，各个年级和各门学科的教学都离不开练习法。

(一)练习法的类型

由于学科的性质不同，教学目标和任务也不尽一致，练习的类型也是多种多样。

1.根据练习的内容不同，可以分为语言的练习、解答问题的练习、实际操作的练习。

语言的练习旨在培养学生的表达能力。如在语言课上的发音练习，在书面语言中的作文练习等。解答问题的练习旨在培养学生的问题解决能力。这种练习在数学、物理、化学教学中被广泛运用。实际操作的练习旨在形成操作技能。实际操作的练习在书法课、绘画课、音乐课、体育课中占有重要地位。

2.根据练习的形式，可以分为口头练习、书面练习和操作练习。

口头练习在谈话法和讨论法中使用较多，书面练习法在写作中应用较多，操作练习在技能课上使用较多。

3.按照练习的层次，可以分为模仿性练习和创造性练习，在音乐课、书法课、绘画课中都有充分体现。

(二)教师在运用练习教学法时应该注意的问题

1.要有明确的目的、任务和具体要求，要提高学生练习的自觉性和积极性。教师要让学生清楚为什么要进行练习，通过练习要达到什么样的结果。

2.要有详细的练习计划和步骤。根据教学的重点难点，有侧重地让学生练习，练习按照由浅到深、由容易到困难循序渐进进行。

3.练习的分量和难度要适当。练习在教学中的作用非常重要，可以提高学生的解题能力，但是练习一定要适度。有的老师在教学过程中采用"题海"战术，但是过多的练习有可能消耗学生过多的能力，并且难度过高会打击一部分学生的学习积极性，从而产生厌学心理。

4.练习的时段和方法要科学有效。由于中小学生的身心发展处于较低水平，注意力集中的时间较短，所以给学生安排的练习时间不宜过长，同时还要教会学生多种练习方法，指导学生不同的练习采取不同的方法。

5.要有良好的态度和总结的习惯。练习之前首先要帮助学生明确练习的目的、作用，端正学生练习的态度。其次要监督学生练习的过程，引导学生做好练习后的总结工作。日积月累，养成良好的练习态度和习惯。

案例2-12　"小数的整理和复习"教学片段[1]

"小数的整理和复习"课，我没有提供大量练习题，只写了"103.256"，请学生针对这个小数提出问题并解答，由"教师出题"变为"学生出题"。

生1：你能指出这个小数的整数部分、小数部分吗？它们以什么为界？

生2：这个小数怎么读？

---

[1] 严育洪：《新课程教学问题讨论与案例分析》，2006年版，第101～111页。

生3：103.256表示什么？

生4：3在（ ）位，表示1个（ ）；2在（ ）位，表示（ ）个（ ）；6在（ ）位，表示（ ）个（ ）。

生5：103.256由（ ）个1和（ ）个0.001组成。

生6：如果在这个小数后面填上单位"米"，请你填上合适的单位，103.256米表示103（ ）256（ ）；其中2就表示2（ ），5表示（ ），6表示（ ）。

评析：教学必须建立在一定的教学材料上，因此教师为了使学生更好地掌握教学内容，常常认为只要给学生提供充分的教学材料，就可以让学生少走弯路，更快地完成教学目标。其实，过多、过细的教学材料也从一定程度上影响了学生思维的活跃性，降低了学生对知识的兴趣，有时较少的材料却能使学生的能力得到更大的发挥。

案例2-13 条件"仓库"和问题"银行"

1.根据条件"仓库"中的条件，你可以解决问题"银行"中的哪个问题？试一试。

2.问题"银行"中的哪个问题是不能解决的？为什么？请找一位同学交流。

3.如果要解决问题"银行"中的不能解决的问题，怎么办？与同学说说你的想法。

条件"仓库"
- 一个书包 36 元
- 一把尺子 2 元
- 一条裤子比一双鞋贵 20 元
- 一双鞋子 52 元
- 小明有 100 元钱
- 一件衣服 78 元，比一条裤子贵 6 元

问题"银行"
- 买一个书包和一个笔盒一共要用多少钱？
- 一条裤子多少钱？
- 小明的钱可以买哪些东西？
- 你还能提什么问题？

评析:"形成解决问题的一些基本策略,体验解决问题策略的多样性"、"学会与人合作,并能与他人交流思维过程和结果"等都是新课标所倡导的。本案例把条件与问题以开放的形式呈现给学生,为学生创设了广阔的思维空间,搭建了学生相互交流的平台,促进学生创新意识和能力的发展。

案例2-14 "四人日记"

我每天对78本日记,根本不可能做到篇篇都逐词逐句地批改。有些家长也告诉我,孩子们每天都写日记,根本没什么可写,有时只好东拼西凑,人云亦云。于是,我尝试在班里实行"四人日记"合作写作的方式:让四个学生一组,共同在一个日记本上写作。从周一到周四,每天每个小组安排一个学生来写日记(在文后署上姓名);每周一固定由组长写,随后组长依据情况确定好这一周每天由谁写。一般情况下让写作能力差一点的同学优先。小组长开始可以大家选,后来谁的日记在一周当中得分最高,谁就担任下一周组长。到了周五,我充分尊重学生个人的意愿,谁愿意在本周重新写一篇更好的日记,谁就写。不过,本周得分低的同学优先。这样,就又给了他们一次挑战小组长的机会。另外,每一周各小组之间还要比一比,赛一赛,哪一组本周的累积分最高,哪一组就是本周的"日记冠军组"。

评析:"四人日记",充分调动了学生的积极性和主动性,日记不再是为老师、为作业而写。为了争取下一周的小组长,每个同学都很珍惜自己写日记的机会;为了赢得"日记冠军组",每位组员相互监督,相互帮助,共同努力。学生每天写日记的负担没有了,并且写日记的机会变得十分珍贵,都想好好使用每周一次的机会来展现自己。

案例2-15 "因为这一句能保证不错"

指导学生用"会意"造句时,下课铃声已响。为了不拖堂,我匆匆造了一句例句就宣布下课。作业交上来，着实让我吃了一惊，全班50个学生中45个学生的造句与我临下课时的那句例句相仿。第二天课上，我将这一现象在班上宣布时，学生并没像我想象的那样吃惊，倒是我一脸严肃使学生感到摸不着头脑。询问几位优秀生为什么也用老师的例句时，答案几乎一致："因为这一句能保证不错。"

评析：在课堂教学中，教师通常将知识分解为若干问题，并将标准答案烂熟于胸。课堂上学生回答问题时，教师也总是谨慎地听，学生稍有一点越轨，就马上纠正。学生作业的答案也必须整齐划一，以"教学参考书"为准。在日常教学中，教师的"改错"，使学生渐渐失去了创新的想法和能力，习惯了教师的标准答案，唯命是从。

案例2-16 "谁是老师傅？"

教师出示习题："张、李两位师傅，合作生产一种机器零件，张师傅3小时加工15个，李师傅4小时加工24个人。请问：张、李两位师傅中谁是老师傅？"

生1：李师傅是老师傅。因为他每小时做6个零件，而张师傅每小时只能做5个，所以李师傅是老师傅。

生2：李师傅是老师傅。因为他做得快，说明他经验丰富，做得比较熟练。

生3：张师傅是老师傅。因为他年纪大，做零件精雕细刻，所以做得就比较慢。

生4：张师傅是老师傅。李师傅做得快，因为他年纪轻，只图快，不注意零件的质量。

评析：在案例中用两位师傅的工作效率是无法判断谁是老师傅的。工作效率的高低与"谁是老师傅"这个问题不存在必然联系。学生根据一些牵强附会的条件主观臆断，学生的解答永远都不会有结果。案例中的教师曲解了开放性问题的真谛，这是一种似是而非的学习。教师在为学生选择练习题时，应该能够让学生用明确的知识、严谨的思维方式、有理有据的推断来解决，而并非依据已知条件主观臆断。

案例2-17　一个学生的日记

我看到有位学生写了一篇日记："我们的学校，有一个很漂亮的花园。学校里请的花农隔三差五来学校修枝剪叶、浇水施肥。可他不是每次都做相同的活，有时剪枝，有时浇水，有时搬些花草来……使我匪夷所思的是：有时他会在一天里干上述所有的事情，难道有什么规律吗？为了解开谜团，我开始注意起这个勤劳的花农了。我发现他两天来学校浇水一次，15天来剪枝一次，1个月换一次花。今天是5月10日，花农又同时完成这三样工作，不知道他再隔多长时间又能在同一天同时浇水、剪枝、换花呢？"后来，在教授最小公倍数时，我就用这篇日记来导入新课。

评析：案例中学生的日记说出了自己内心的困惑。阅读学生日记，不仅能使教师更深刻地了解学生，而且还可以根据学生日记反映的"数学现实"和"生活经验"，调整自己的教学内容，改进教学方法，使课堂教学更贴近学生的生活，使学生更理解数学在生活中的意义。

案例2-18　一位教师设置的练习

师：刚才小朋友们通过自己的研究，创造了长方形、正方形、三角形和圆。那你能用这些图形拼成哪些图案呢？请大家合作完成。

（每个学生都有一套相关学具，大多数学生没有选择合作，而是在独立操作。）

师：大家拼得差不多了吧。谁先来介绍一下？

生1：我拼的是一条鱼。

生2：我拼的是一座城堡。

生3：我拼的是一座桥。

评析：案例中的练习存在一些不足：该练习进一步强化学生认识平面图形特征的作用不明显。心理学研究表明，低年级学生在拼搭图案的过程中，缺乏目的性，他们不会依据平面图形的特征来拼搭图案，而是更关注图案本身。对于拼出来的图形，多半是依据随意拼完的图案来确定相关形象，而不是先确定形象再进行拼搭。比如学生拼出了"桥"，是因为他们看着拼完的图像像"桥"才说"桥"。也就是说，这种练习对学生的思维帮助不大。成功的数学练习，既要能够引起学生的兴趣，又能锻炼学生的数学思维。在教学过程中，可以通过学生动手操作来辅助教学，但是绝不能喧宾夺主。学生在幼儿园经常进行类似操作，在课堂上，他们多是利用原有的经验进行操作，而不会从数学的角度思考问题。

三、实习作业法

实习作业法是指教师根据教学任务的要求，组织学生在校内外一定场所从事实习实践活动，在活动过程中运用已有知识进行操作，从而掌握知识、形成技能的方法。实习作业法具有更强的实践性、独立性、综合性和创造性。这种方法比较适用在自然学科和技术学科中。如数学中的测量实习作业，物理、化学、生物、地理等学科中实习作业法都占有重要地位。实习作业法要求学生具有一定的知识储备，因此在小学教育阶段使用较少。

实习作业法有利于贯彻理论联系实际的原则，培养学生独立工作的能力以及培养学生劳动技能等。

运用实习作业法应注意以下问题：

1.精心设计学生的实际训练活动。实际训练活动为的是加强学生对书本知识的理解、验证、巩固和应用。首先，教师必须明确活动方向，避免盲目地开展实际训练。其次，教师要事先对实习活动的目的、内容、要求和程序做好严密的设计。

2.认真指导学生的实际训练活动。教师要了解学生情况，向学生阐明相关的理论知识、实习任务、要求、操作规则和注意事项。在实习过程中，教师要做好操作示范，细心指导和纠正学生的错误操作，做好对学生实习的检查工作，查漏补缺。

3.做好实习后的总结和反馈工作。教师应指导学生写出实习报告或实习手册，评定学生的实习成绩。在总结过程中，让学生进行自我分析，包括实习的结果，在实习中遇到哪些问题，如何解决这些问题等，来培养学生自我监督、自我检查和自我评定的习惯。

案例2-19 英语练习的多种活动形式

英语练习的多种活动形式可以有：(1)唱。如有的用《小燕子》的曲调来唱"Where's/He's/She's/It's..."的句型，有的用《新年好》的曲调来唱"What's the time?It's time to..."句型。(2)画。如在教授table\fridge\clock等比较难记忆的单词时，我便布置学生根据自己的喜好设计制作图文并茂的单词卡。(3)玩。如在教学"Time"这一单元后，我让学生回家制作一个时钟，然后拨动时针到各整点练习时间的表达法。(4)演。如我常让学生以居住区为单位组成"英语会话小组"，回去后表演课文，并鼓励他们进行创新。

评析：作业是教师强化学生学习结果的基本手段，但是作业不应该只是枯燥的文本，而应该充满色彩、情趣。作业的形式可以是多种多样的，最终目的是使学生运用自己的方式表达自己的想法。作业也是教师与学生交流的平台，教师可以通过验收学生的作业，掌握学生的学习动态以及遇到的问题，做到因材施教。

案例2-20 有关"春"的课外专题作业

学习《咏柳》和《宿新市徐公店》两首诗之前，我布置了有关"春"的课外专题作业：(1)引导学生走进川田去"寻春绘春"：收集有关春天的成语、对联、谜语、谚语、俗语、诗歌、文章、故事等。经过取舍、改造和加工，编成小报来描绘春天。(2)带领学生走出课堂去"嬉春闹春"：把春景、春趣、春情、春乐或拍成照片，或摄成录像。(3)创造想象的空间，引导学生"赏春思春"：当学生陶醉在浓浓的春意中时，不失时机地引导他们从此时此地此景遥想到大江南北的春色、长城内外的美景。(4)让孩子们用自己喜爱的形式"吟春颂春"：或写成春文、做成春诗，或绘成春画、谱成春歌……

评析：这样的专题作业，学生不需要枯燥的题海战术，也没有了过多的心理负担。案例中的系列练习，从不同形式、不同层次、不同角度出发，每次练习，学生都有不同的感受。在练习的递进过程中，学生的知识也在提高，学生的情感也得到提升。这种专题练习，更能使学生得到全面发展。

案例2-21　是"创新"作业，还是"家长"作业

一位家长告诉记者，语文老师隔三差五就会让孩子编小报，但从找材料到组合、排版对一个小学低年级的孩子来说太难了，于是班上绝大多数孩子都由父母代劳，结果做出的一张张小报不仅精致还很"专业"，于是老师表扬，孩子开心，皆大欢喜，家长苦点倒也没什么，只不过这"创新"作业变成了"家长"作业。

评析：新课改要求结合生活，并不是我们成人眼中的生活，而是孩子眼中的生活和世界。作业首先要符合学生的能力，其次要能激发学生的兴趣，从而来提高学生的各种能力。如果作业变成家长之间的比拼、较量，作业就失去了它本来的意义。

第四节　以研究发现为主的教学方法

研究性教学方法是指教师组织和引导学生进行独立的研究和发现的教学方

法。研究性教学方法具有探究、尝试等特点，在解决问题的过程中，使学生的创新精神、探究能力和实践能力得到充分发展。研究性教学方法主要包括探究法、发现法和讨论法(也属于语言性的教学方法)。

一、探究法

探究法是指在教学过程中，教师不把现成的结论告诉学生，而是让学生在教师的指导下自主发现问题，通过阅读、观察、实验、思考等独立探究、解决问题、获得结论的方法。探究法多用于验证假设、原理，让学生形成概念、理论，分析现象的相关联系的教学活动中，在理科教学中采用较多。

探究法充分体现了学生的主体地位，增加了学生的活动自由，使学生成为真正的探究参与者，既培养了学生的研究意识和创新精神，又发展了学生科学的态度、情感和体验。但是，探究法需要教师和学生花费更多的时间和精力，对教师的能力和学生的水平都有更高的要求。另外对教学内容的难易程度也有要求，过难或过易的内容，都不适合采用探究法。

(一)探究法的基本过程

1.选择实物材料。实物材料是学生感知的基础。学生亲自触摸实物材料，动手操作，有利于将抽象的探究内容具体化，为学生提供思考的空间和探究的环境。

2.呈现探究情境。教师要创设能够自然地激发学生解决问题的动机的探究情境。教师要提出使学生产生困惑的问题，引起学生探究的欲望。如果教师无法提出具有探究意义的问题，无法激发学生的动机，就不会有探究行为发生。

3.发现问题和研讨问题。学生在探究过程中会产生好奇、好问、矛盾等心理特点，教师要充分利用学生的心理特点，激发学生思维，鼓励学生大胆思考，并且能够用语言将自己的发现和想法表达出来。倡导同学间的互相启发和补充，丰富和完善学生的认识，引导学生通过探究中的现象认识事物的本质。

4.提出假设和收集材料。学生根据问题以及疑难情境，提出假设，并收集材料及相关信息。在一般的探究过程中，先提出假设，然后收集材料。但在具体探究过程中，学生可以利用已有的材料进行推理，验证先前的假设。

5.得出结论。通过验证假设，学生将多个假设组合起来，得出理论性的结论。

(二)采用探究法应注意的问题

1.确定探究的课题

教师在组织学生进行探究活动之前，首先要了解学生实际知识、能力水平，根据教学要求、教学内容的特点，确定探究课题。探究的课题要难易适度，并且有一定的研究价值。课题难度过大，可能会降低学生的积极性；课题过于简单，又失去了研究的价值和意义。教师要依据学生的实际能力，进行调整和安排。如果学生基础较差，教师就应当把课题进一步分解，让学生在能力范围内，由易到难进行探究活动。随着学生知识、能力的积累，适当增加知识量，提高难度，使学生在更高水平上锻炼思维能力和创造能力。

2.突出学生的主体地位

探究法十分强调学生的主体地位。采用探究法进行教学，就要求教师要明确自己处于主导地位，要扮演好引导者的角色，激发学生的兴趣，引导学生的思维，指导学生进行探索活动。只有把学生放于主体地位上，才能使学生的自主探究能力和发现能力得到充分的发挥，才能使探究教学更有意义。

3.加强对探究过程的引导

探究过程增加了学生的活动自由，但是这并不意味着全无章法。学生的探究、发现绝不是一种自发的、随心所欲的活动，它是在教师的严密组织和积极引导下进行的[1]。因此，教师要关注学生的探究过程，对学生在探究过程中可能会遇到的问题或障碍，教师要及时给予帮助，启发和引导学生的思维，避免学生偏离课题，从一定程度上提高学生的学习效率和效果。当然，教师的思考应多于发言，过多的发言可能会打断学生的思维，也有可能限制学生的思维，出现事倍功半的结果。

案例2-22　一个别开生面的探究教学设计

在M小学，H老师教的四年级学生午饭后进入教室时，看到房间里摊了一堆眼镜、瓶子、铃铛、大小不等的有孔木盒、音叉、木琴和笛子。学生们狂呼着扑过去玩耍。H老师则在一旁看着。

几分钟之后学生们开始坐下来。一个学生问道："H老师，发生了什么事？看起来好像这里变成了一个交响乐队。"

H老师笑着说："也可以这么说。实际上，今后这里会成为我们的音响实验室。"他在教室里走动着，拿起一把琴拨动着琴弦，同时用一个勺子去击打身旁的一个饮料瓶。"你们从这些声音里感觉到了什么吗？"他一边问一边重复了一遍动作。

一个女生回答说："它们听起来很像，但是又不一样。"

另一个学生提议再做一遍。这一次，学生们很快注意到了这两种声音音高相同。

H老师布置说："你们的任务是寻找声音变化的原因并把它描述下来。你们可以分成几个组，利用现有的物品进行实验，看看声音变化有什么规律。根据你们的发现制作一件乐器，然后介绍一下你们设计的乐器有什么功能，你们是怎样做到的。最后我会告诉你们我想让这件乐器干什么，我们一起动手实验，看看你们

---

[1]　李秉德：《教学论》，人民教育出版社，1991年版，第200页。

的想法行不行。现在我们开始分组，谁有什么建议吗？"

一个男生勇敢地开了个头："我注意到这些东西有五种不同的材料。或许我们可以分成五个小组，每一组用这些东西实验一会儿，接下来交流一下体会，听听别的组的主意。然后再决定下一步做什么。"

其他同学提出了另外一些意见。接下来的半小时里学生们讨论出了一个实验研究的计划。

评析：不难看出，这是一个探究教学设计的案例，教师设计的情境使学生产生了问题意识和探究欲望。一方面，学生通过操纵实物材料，积极寻找和体验，从多个角度获得对事物的感性认识。另一方面，学生在探究的基础上，交流和讨论发现和想法，促使他们用语言表达自己的观点，从具体事物中提取抽象概念，达到由具体到抽象、感性到理性的认识，充分实现了探究教学的目的和意义。

第五节　国外几种课堂教学方法

一、发现学习法

发现法是由美国教育家布鲁纳在20世纪60年代，根据瑞士心理学家皮亚杰的认知结构理论，并且总结了杜威实用主义教育活动的经验所提出来的一种教学方法，包括教师教学指导和学生发现学习两个有机组成部分[1]。发现教学法是与接受性学习相对的概念。布鲁纳说："发现并不限于寻求人类尚未知晓的事物，确切地说，它包括用自己的头脑亲自获得知识的一切方法。[2]"

发现学习法是指教师根据教学的目标创设一定的问题情境，并通过这一问题

---

[1]　李朝辉：《教学论》，清华大学出版社，2010 年版，第 187 页。

[2]　王策三：《教学论稿》，人民教育出版社，1985 年版，第 29 页。

情境，使学生产生认知冲突，然后在教师的指导下，学生运用已有的知识和相应的资料、材料进行探究，提出解决问题的假设并验证假设，以此来获得知识和发展能力的方法。[1]

发现学习法可以提高学生智慧潜力，有利于外来动机向内在动机转移，学会发现的试探法，在发现和验证的过程中加深对知识的记忆。

二、程序教学法

程序教学法是美国著名心理学学家斯金纳提出来的，其理论基础是行为主义心理学。程序教学主张将教材分解成为小部分，学生按照严格的逻辑程序，进行自学。

程序教学具有以下几个特点：一是小步子；二是积极反应；三是及时反馈；四是自定步调。程序教学法具有很强的个性化，学生可以根据自己的能力，自行安排学习进度。程序教学法对发展学生自学能力也有着重要作用。

三、纲要信号法

纲要信号法是前苏联教师沙塔洛夫根据自己的教学实践创立的。纲要信号法是一种用字母、单词、数字或其他"信号"组成的直观性、提纲性很强的图表。它通过各种"信号"将需要重点掌握的知识呈现出来。图表的篇幅不一，所包含的信号也不同，有时一张图表只由几个信号组成，有时却可以包括几节课的内容。纲要信号法形象、直观、简明扼要，既能帮助学生记忆，又可以帮助学生将分散的知识串联起来，形成完整的知识体系。纲要信号法在各科教学中都广泛应用。

例如，在前苏联七年级历史课中，有关俄土战争中奥地利雷幕尼河畔一次战役的内容：苏沃洛夫率领俄军7千人和奥地利盟军1.8万人与土军10万人作战。土

---

[1]　王本陆：《课程与教学论》，高等教育出版社，2004年版，第227页。

军包围住奥军，但没有发现俄军动向。苏沃洛夫趁敌不备，日夜兼程，以骑兵迂回袭击敌军的侧翼和后方，使敌人溃不成军、狼狈逃窜。这一战役可以用纲要信号图示来表达如下：

1789年 奥地利/雷幕尼河 7 18 100 指挥所

纲要信号图示法的一般步骤是：首先教师要详细讲解教学内容，出示纲要信号图示；然后，教师依据图示进行第二次讲解，抓住重点，分析难点，说明各部分的逻辑关系，并加以概括。教师可以要求学生将纲要信号图记录在笔记本上，便于学生课后复习，巩固所学知识。

四、暗示教学法

暗示教学法是保加利亚医学博士卢扎诺夫创立的教学方法，20世纪60至70年代在欧洲、前苏联、美国、加拿大都产生了巨大反响，尤其是在外语教学方面，被公认为创造了奇迹。卢扎诺夫认为，传统的教学低估了人的巨大潜力，缺少建立在医学、生理学、心理学和艺术等基础上的综合性教学手段，因而只能调动大脑的一部分功能，而且是与机械的、逻辑的、非感情的、无趣的教学相联系的那一部分功能。卢扎诺夫参观印度时，发现瑜伽教徒可以通过强化联想，记住经书上多达10万个词，由此建立了暗示教学法的原理：广泛利用环境的暗示信息，充分利用人的可暗示性，使理智与感情统一，有意识功能和无意识功能统一，尤其是调动和发掘大脑无意识领域的潜能，使学生在愉快气氛中不知不觉地接收信息。

暗示教学法是一种与传统教学方法相反的教学方法，在课堂上可以进行游戏、表演等。以外语教学为例，每一课包括200至250个单词、一些新的语法、一个主题对话，主题对话是一种教学剧本，有生动的情境、有趣的情节和戏剧冲突。教材还包括一套专门的练习，称之为"练习曲"。教学活动一般包括：介绍情况，给每个学生取一个新名字，假设一个新职业，学生据此进行各种游戏和表演活动。运用这种教学方法，学生能够在六七周内基本掌握一种新的语言。

暗示教学法的具体做法有以下几方面：

1.教师要善于激发学生的动机，根据教学内容设置能够诱发学生学习潜力的教学环境。教师要考虑学生个性的完整性和差异性，尽可能帮助学生建立自信心，消除学生的紧张心理。在暗示教学过程中，需要用暖色装饰物来修饰教室，还需要将椅子排列成半圆形，打破传统的一桌一椅、成排成列的摆放方法，给人以放松、舒适的感觉。

2.教师要用跨学科的观点，以教学单元为基础，从整体上把握知识的逻辑体系，加强教学的整体感情效果。

3.充分利用各种艺术手段，配合教学。采用音乐、舞蹈、戏剧、电影等形式，可以提高教学效果。在学生准备的过程中，教师用微小的音量播放舒缓的音乐，既可以营造温馨的环境，又能够帮助学生记忆需要表演的内容。在正式表演时，根据剧情和学生的需要，播放背景音乐，调节音量，达到表演需要的效果。

五、非指导性教学法

非指导性教学法是美国人本主义心理学家卡尔·罗杰斯提出来的。罗杰斯以"以病人为中心"的治疗方法为基础，将其运用于教学领域，形成了"以学生为中心"的教学理论。罗杰斯认为传统教学只重视传授一些陈旧过时的知识，不能适应当代变化的社会需求，而且这种教学导致学生知情分离——理智是由学校培养出来的，情感是在生活中体验到的，两者各自独立。因此，他提出了新的教育目标——"完整的人"，即知行合一的人。

对于如何培养完整的人，罗杰斯提出了非指导性教学，其根本任务是使学生通过自我反省和情感体验，从而认识自我、展现自我、改变自我、实现自我。罗杰斯认为，"非指导性"并不意味着取消指导。传统的指导性教学以教师为中心，强调教师权威，重视知识的传授，教学过程死板；非指导性教学则是以学生为中心，无条件地尊重学生，重视学生的自然生长。在非指导性教学活动中，教师由指导者变成了促进者。

非指导性教学具有以下几个鲜明的特征：

1.非指导性教学极大地依赖个体成长、健康与适应内驱力，坚决排除各种有碍于学生成长和发展的障碍。

2.强调感情因素，强调教学情境的情感方面而不是理智方面。要求教学要尽可能直接进入学生的情感世界，而不是借助理性的方法去干预或重组学生的情感。

3.强调学生"此时此刻"的情形，而不关心他过去的情感和经验。

4.强调人际接触和人际关系在教学中的地位。

六、国外其他教学法举例[1]

(一)经理教学法

经理教学法把教师看成一位执行经理，依据这种教学法，课堂教学是一个复杂的过程，教师的职责在于通过使用最好的方式手段帮助学生取得一定的学习效果。就这种教学法而言，精心拓展课程教材和研究教学效果是非常关键的。这有助于教师的课堂管理和提高学习的产出。

---

[1] 杨小微、顾明远：《教育研究方法》，人民教育出版社，2005年版。

经理教学法强调课堂教学的管理，核心在于通过有效的教学活动，使学生能够娴熟地掌握知识。经理教学法还涉及很多方法和技巧，能够促进有效教学的主要方法有暗示、正确反馈和强化激励机制。经理教学法提供了一种明晰、直接的途径来帮助学生掌握知识，教师再给予学生更多的关心，经理教学法就可以帮助学生掌握更多的知识。

经理教学法也存在一定的局限性。在经理教学法的运用过程中，教师好像是某条生产线的经理，学生被作为原材料进入生产线装配，最后成为有学识的人，教师成为这一过程的操控者。经理教学法过度强调对任务的专注和对职责的履行，忽略了个体的本性和兴趣、不同学科的特殊性以及由于地理、文化、经济等因素导致的不同需求。另外，经理教学法过度强调掌握学科知识，忽视了对知识的应用，包括身体的健康、情感的幸福、生活技能的获得以及履行公民职责的能力。

尽管经理教学法存在这些弊端，但是这种方法很受教师欢迎。首先，经理教学法符合当前教育的政策。学习标准、标准化考试以及基于考试结果的教师评估和学校评估颇受政策制定者的青睐。其次，经理教学法可以提高教学效果，能够有效实现政策的目标。

(二)促进教学法

这种方法很看重学生已有的知识储备，同时非常重视在教学中学生已有经验的运作。支持促进教学法的教师注重在教学中投入感情，他们坚信，教学是培养学生个性的过程，帮助他们自我理解和自我实现。人本主义心理学、学习理论、存在主义哲学构成了促进型教学方法的理论基础。

促进教学法把学生的发展当作是"原真性"的回复，在促进教学法看来，教学最为重要的目标是学生的自我实现，他们把教师对学生的了解置于优先的地位。在促进教学的过程中，教师要善于鼓励学生，促进学生的成长。教师的主要职责就是要将学生先前的经验和学校习得的经验统和起来。促进型教师非常重视学生的过去、经验、需求、忧虑、恐惧、兴趣等。促进教学法要求教师不仅要关注学生的个体经验，还要求教师注意用什么方法将学生的个体经验与学科知识相关联。

七、几种教学方法组合 [1]

(一)传授——接受教学

传授——接受教学，是指教师通过语言传授和示范操作使学生接受、掌握系统知识与技能的教学。在教学方法上，以教师系统讲授、演示和学生练习为主，其他方法都要配合讲授与练习。

传授——接受教学，是一种传统的教学方法组合形式，它能够充分发挥教师的主导作用，也能调动学生个人的积极性，并且能够按照学科知识的逻辑系统教学，帮助学生掌握系统的知识与技能，教学效率更高。但是它也存在一些缺点，如果不能正确地发挥教师的主导作用，容易压抑学生主动性或出现只注重整体效果忽视个别指导，最终变成注入式教学。

(二)问题——发现教学

问题——发现教学，是指在教师引导下，学生通过对问题的独立研究来发现、获取知识的教学。在教学方法上，以学生的独立研究和作业为基本方法，教师的传授、指导，学生的阅读、练习都配合学生的研究而进行。

---

[1] 王道俊、王汉澜：《教育学》，人民教育出版社，1999年版，第257～259页。

　　问题——发现教学能够从问题入手，激起学生的求知欲，允许学生进行独立研究，提高独立思考和分析、解决问题的能力，从一定程度上帮助学生记忆所学知识。当然，它也有不足之处。教师重视学生独立作业，难以充分发挥主导作用，学生要花费更多的时间和精力进行学习。如果没有教师及时、正确的指导，容易使学生的探究活动产生盲目性，失去发现教学的意义。

第三章 课堂教学方法的变革

第一节 基础教育新课程改革对课堂教学方法变革的要求

一、基础教育新课程改革呼唤课堂教学方法的变革

长期以来，我国课堂教学采用的方法比较单一、长期不变，具体表现为以讲台为中心，以教师讲授为主，教师过于强调自身的主体性和学生的客体性，把学生作为教育的对象而将其置于接受的位置上看待，同时为了提高教学效率，把学生作为盛载知识的"容器"进行灌输，"填鸭式"教学似乎成为教师们惯用的教学方法，课堂成为教师独霸的讲台和唱独角戏的舞台。其结果导致了学生在学习时只能采用被动的、接受式的学习方式去记忆教师讲授的固定知识，而不能自主探究、讨论和发现新知识，自己主动寻求问题的答案，限制学生思维的发展，影响学生创造力的发挥。

随着社会的发展与教育的改革，"灌输"的教学方法已经为许多教师所诟病。就像《学会生存——教育世界的今天和明天》一书中指出的那样："教师作为无可争辩的知识权威和知识源泉，把知识存放在学生那里，就像投资者把钱放在银行里一样。"

21世纪是一个追求创新和超越的世纪，知识经济具有全球化、信息化、个性化等强烈的时代特征，社会对人才的规格和素质提出更高、更新的要求，对学校、教师、教与学的方式都提出新的挑战。为了培养全新素质的人才，世界各国

从20世纪80年代以来就纷纷进行了以基础教育课程改革为核心的教育改革运动。

我国于2001年6月颁布了《基础教育课程改革纲要(试行)》，标志着我国新一轮基础教育新课程改革全面启动。在课程改革目标中明确提出：改变课程实施过于强调接受学习、死记硬背、机械训练的现状，倡导学生主动参与、乐于探究、勤于动手，培养学生搜集和处理信息的能力、获取新知识的能力、分析和解决问题的能力以及交流与合作的能力。教师在教学过程中应与学生积极互动、共同发展，要处理好传授知识与培养能力的关系，注重培养学生的独立性和自主性，引导学生质疑、调查、探究，在实践中学习，促进学生在教师指导下主动地、富有个性地学习。教师应尊重学生的人格，关注个体差异，满足不同学生的学习需要，创设能引导学生主动参与的教育环境，激发学生的学习积极性，培养学生掌握和运用知识的态度及能力，使每个学生都能得到充分的发展。这些规定说明，教学方法的变革是素质教育和新课程改革的显著特征，变革教学方法是深化素质教育改革、推动教育发展的需要，要改变原有的"一言堂"、"满堂灌"、"填鸭式"的教学方法。

在许多人的头脑中，教师讲学生听，教师问学生答，是天经地义的，除此之外，教学别无他途。所以，任何新奇有效的教学方法很难产生普遍的影响。假如已经固化的教学观念不被解冻，教学活动是难以进化的。对于传统教学的传授法，人们早已经产生疑虑，充分注意到传授法在较高效率地传递文化知识的同时，牺牲了学生的智力、个性发展以及主体性的培育。改进传授法的探索也层出不穷，但始终未出现一种兼顾学生发展全局的方略。其原因当在于教学的根本理念没有动摇，新的教学目的观、教学伦理观没有确立，以致于各种探索的极限是在传统教学理念范围内的教学改良。结果只是变幻着传授和接受的招数，并无对教学的彻底改造。

改变教学方式是基础教育新课程改革的重要任务之一，也是有效实施素质教育的根本需要。教学方式是教师和学生在教学活动中，为了完成教学任务、实现教学目的所采取的基本行为和教学活动整体结构上表现出来的特征，它既包括外显的行为，也包括相关的思维方式和态度。转变教学方式就是要改变那些不利于学生成长、不合乎时代需要的教学行为和相应的思维方式及态度，调整师生教学活动的整体结构，使教学活动能够更有效地促进学生的发展和教师的提高，更有效地实施素质教育。

二、改革教师的教学方法是学生学习方式转变的必要条件

基础教育新课程改革的一大"亮点"就是学生学习方式的转变。转变学习方式从根本上说需要教师转变教学方法，教师的教学方法与学生的学习方式密切相关。学习方式是教学过程的基本变量。教与学是一对密切相关的概念，学习方式构成了教学过程的一个基本变量。学生学习方式涉及到学生的思想观念、情感态度、认知方式、信息处理的方式等，显然，这些都是教师在教学过程中所要考虑的。如果不顾学生学习方式的这些内容，那么教学就失去了针对性，也就不能实现预期的教学目标。因此根据学生的认知风格和学习方式进行针对性的教学，是教师有效开展教学活动的前提。学习方式与教学方法是共生的。美国学者纽曼从学生活动方式的角度提出，学习方式是指学生在教学活动中的参与方式。国外学者关于学生参与的研究涉及行为参与、情感参与和认知参与等不同方面。研究者在研究学习方式的概念时往往根据自己的研究角度，把学生学习方式作为一个组合概念，看作行为参与、情感参与或认知参与方式及社会化参与的有机结合，其中学生的学习方式是载体，认知和情感因素表达了学习方式的实质和内涵。学生的学习方式的改变，意味着改变学生的学习态度、学习意识和学习习惯品质。

传统学习方式把学习建立在人的客体性、受动性、依赖性的一面，从而导致

人的主体性、能动性、独立性的不断销蚀。具体体现在课堂教学中就是学生被动接受，其方法是机械记忆和死记硬背，不去积极主动探究，在完成学习任务时也缺少合作与交流，压抑了学生对知识的好奇心和自主学习的愿望，也使学生丧失了创造力。

转变学习方式就是要转变这种他主性、被动性的学习状态，把学习变成人的主体性、能动性、独立性不断生成、张扬、发展、提升的过程。教师要采取有效的方法培养学生内在的、直接的学习动机，变"让我学"为"我要学"，让学习变成学生生活中的最大追求，认识到学习不仅是一种乐趣，更是一种义务和责任。教师给学生以鼓励和期望，相信每一个学生身上都隐藏着发展的巨大潜力和能量，鼓励学生独立学习，并创造机会让学生独立学习，逐步培养学生的独立学习能力。教师的责任就是要把这种潜在的能量和能力开发出来。这是学习观的根本变革。学习不是一种异己的外在的控制力量，而是一种发自内在的精神解放运动。教师要彻底改变"满堂灌"的教学方式，注重让学生参与，强调让学生去感知，去操作，去实践，去思考，获得最直接的个人经验，并通过交流、合作，互相启发，互相交流，达到共识。教师要善于让学生在感知中观察、思考、提问，多问几个"为什么"，帮助学生形成问题意识，在教学设计中抓住"问题"这一线索，设计环环相扣的问题，引发学生积极进行思考、探究，诱发学习的真正动力。

联合国教科文组织提交的报告《学会生存——教育世界的今天和明天》一书中指出："教师的职责现在已经越来越少地传递知识，而越来越多地激励思考。除了他的正式职能以外，他将越来越成为一位顾问、一位交换意见的参加者、一位帮助发现矛盾论点而不是拿出现存真理的人。他必须集中更多的时间和精力去从事那些有效果的和创造性的活动；互相影响、讨论、激励、了解、鼓舞。"[1] 教师要重新思考学生的角色，把学生作为学习的主体来看待。学生不是消极接受知识的"容器"，不是张开口袋等待灌注的知识回收站，而是有待点燃的"火把"，教学面对的是一个个富有个性、具有独特精神生活方式和经验的学生。教学要促进学生发展，就不能无视学生的存在，尊重学生主体性，促进学生个体性发展。

教师要从全局的高度予以把握，领会其精神实质，从而修正自己的教学方法，达到改变学习方式的目的。

第二节　课堂教学方法变革的基本理念

一、重构教学观

基础教育新课程改革的重头戏是教学改革，教学改革的首要任务就是确立新的教学观，教学观念转变到什么深度，教学行为就能转变到什么程度。

(一)教学不只是课程的传递和执行，更是课程的创生与开发的过程

课程观决定着教学观，课程观的改变必然带来教学观的解放。按照传统的理解，课程规定了"教什么"，教学解决"怎样教"，也就意味着，"课程"是政府和专家关注的事，教师只需传递和执行，教师的任务就是教学，研究"怎样教"就可以了。其结果导致教学过程就是踏实而有效地传递课程的过程，教师是既定课程的传递者和阐述者，学生是既定课程的接受者和吸收者。在教学中，教师就像带着手铐跳舞一样，按照课程的要求亦步亦趋，不能发挥自己的专业自主性，使得教学缺乏生命的活力，教师教得非常辛苦。而学生学得也非常痛苦，因为学生在教学中扮演着"接受者的角色"，在规定的课程和应试取向的驱动下，

---

[1] 联合国教科文组织、国际教育发展委员会编著：《学会生存—教育世界的今天和明天》，教育科学出版社 1996 年版，第 108 页。

拼命适应"课程要求"，囫囵吞枣，死记硬背。

新课程的课程观是：由"专制"走向民主，由封闭走向开放，由专家研制走向教师开发，由学科内容走向学生经验。此时的课程就不仅仅是文本课程，而更是体验课程。在不同的教育情境中，每一位教师和每一个学生对课程的内容有自己的理解和诠释，更对内容进行不断变革和创新，从而转化为适合自己的课程。教师和学生都是构成课程的组成部分，作为课程的创造者和主体，共同参与课程的开发。

新课程观下的教学就不仅仅只是课程的传递和执行，而更是课程的创生与开发，教学的过程因此而成为课程内容不断生成的过程。课程也因此变成一种动态生长的文化。课程层面的这种变革，必然引发教学层面的彻底解放，教学过程变成一种师生个性化创造实施的过程。

(二)教学不只是教师教，学生学，更是师生交流、积极互动、共同发展的过程

教学是教师教和学生学的统一，统一的实质是交往、互动。没有交往和互动就没有真正的教学发生。交往是教学的本质。在教学中师生积极交往、互动，双方相互交流、启发、沟通、补充、完善，不断生成新知，并伴随着师生之间情感的交融和对获取知识的体验，实现教学相长、共同发展。

师生构成一个学习共同体，互教互学，在双方不断平等对话中，同时教与被教，在交往中实现角色置换、人人参与、平等对话和交流。通过对话教学，学生不仅获得了活的知识，重要的是获得了对话理性，并在启发式的、探索式的对话中获得了主体性的发展，个性才能得到舒展和张扬，创造积极性才能得以充分发挥。教师不仅是传授知识，而且与学生一起去感悟和理解、交流与分享，个人

的专业在交往对话中成长，生命的活动不断得以提升。师生多向交往、互动、互惠，良好的师生关系不断形成，维系教学正常进行的情感纽带不断结成。

案例3-1 一次难忘的教育经历[1]

2006年秋季开学，广州市越秀区东山育才实验学校初一年级的第一节语文课，要学习德国儿童文学作家凯斯特纳的《开学致词》。走进教室之前，在李卫林老师的心里，有一些忐忑不安。这是他第一次以"生本教育"的方式授课。此前，他曾接受过一些"生本"理论培训，也观摩过一些"生本"课堂，但他还是不免有些疑虑："生本"要求教师放弃逐句逐段的讲解，而是抛出有价值的问题，让学生你一句、他一句地讨论，这样的课堂怎么掌控？依靠学生，他们能行吗？

读完课文，他试着问学生："这篇文章，最打动你们的是什么？"学生说："课文里写着：'不要把老师的讲台看作是皇帝的宝座或是传道的讲坛！老师坐得高一点，不是为了你们向他祈祷，而是为了使你们彼此看得清楚一些。老师不是教官，也不是上帝，他不是一切都知道……'为什么德国人这样看待他们的老师？而我们却不是？"

"还有，'不要过分用功'！这跟我们中国人也不一样！"

"'不要完全相信你们的教科书！'为什么我们的老师从来不这么说？"

课文的内容让孩子们感到如此新鲜和惊奇，一会儿工夫，他们就提出了一大堆问题。

这时李卫林提醒说："这些问题，都与中西方文化的差异有关。"学生马上追问："中西方文化有哪些差异？这些差异又是怎么造成的呢？"

这可真是一个大问题。按照"生本教育"的要求，学生提的问题，还要靠学生自己去解决。于是李卫林给学生布置了一项作业：《中西文化差异之我见》，

---

[1] 刘群：《郭思乐和他的生本教育》，《人民教育》，2008年第21期。

让他们以小组为单位，挑选角度去查找资料、写作，期限是一个月。

没过几天，就有性急的孩子拿着他们的提纲给老师看，有关注中西教育差异的，有关注文化传统差异的，有关注民族精神差异的，等等。不到一个月，各小组都交来了他们的论文，每篇都有1万多字，角度各异，材料丰富，写得像模像样。

这成为李卫林一次难忘的教育经历。他说："在那之前，我从未想过自己的学生能有这样的水平。从那以后，我开始相信'生本教育'。我也开始相信，学生的潜力，的确是无穷无尽的。"

从此，他更加放手，在每节课上都组织学生自由讨论。

(三)教学不只是注重结论，更要注重过程

重结论、轻过程是传统教学的一大特点，表面上看是走了一条捷径，但实质上不利于学生知识的获得、能力的培养和个性的发展。把形成结论的生动过程变成了单调刻板的条文背诵，一切都是现成的，现成的结论，现成的论证，现成的说明，现成的讲解。它从源头上剥离了知识与智力的内在联系。重结论、轻过程的传统教学排斥了学生的思考和个性，只凭听讲和记忆就能掌握知识，于是便有了掌握知识却不思考知识、诘问知识、评判知识、创新知识的"好学生"。这实际上是对学生智慧的扼杀和个性的摧残。

结论显现的是学科探究的结果，过程展现的是学科探究的过程与探究的方法。教学结论是教学所要达到的目的或所需获得的结果，教学过程是指达到这个目的或结果所必须经历的活动过程。对二者的任何一方偏废都是不可取的。

知识是人们认识的结果，是已经获得的结果，也是已经过去的结果。知识的学习和教学无疑是必要的，但我们太注重认识结果的教学了，我们相信已有的知识都是千真万确的，相信用已有的知识武装头脑就足够了。如果在知识发展缓慢的时代这样想还能够应付世界的变化，还能够容忍的话，那么，在知识、信息更新的速度日新月异的时代，这就不能容忍了。我们不仅希望学生掌握知识，更希望学生掌握分析知识、选择知识、更新知识的能力。简单地说，智慧比知识更重要，过程比结果更重要，知识是启发智慧的手段，过程是结果的动态延伸。教学中能够把结果变成过程，才能把知识变成智慧。

教学的重要目的之一，就是要让学生获得正确的结论，这是毋庸置疑的。同时注重学生是怎样获得这个结论的，如果这个结论是通过记忆和背诵取得的，它的价值是有限的。而经过学生一系列的质疑、判断、选择、比较、分析、综合、概括等认识活动，所获得的结论不仅是多样的、丰富的，而且学生的创新思维和创新精神也能得到很好的开发和体现。

基础教育新课程把过程与方法本身列为新课程的三维目标之一，突出了过程与方法的地位。学生学习的过程不只是一个接受知识的过程，更是一个发现问题、分析问题、解决问题的过程。在这个过程中，一方面学生的已知与未知发生矛盾，学生认知产生困难和障碍，打破学生原来的认知平衡；另一方面也是学生充分发挥自己的聪明才智、不断尝试解决新问题、重建认知平衡的过程。在这个过程中学生通过亲身经历、参与，获得丰富的探究体验，有成功的经验，也有挫折和失败，但这个过程对学生来说，是非常珍贵的。这种成长的经历和体验能使一个人的能力、智慧乃至性格、习惯逐步走向成熟。

案例3-2 "密度与浮力"[1]

这是安徽芜湖市27中方宁老师的一节物理课。上课了，老师把一杯水放在桌子上，然后一脸神秘地说："你知道巨大的潜艇能够上浮吗？你见过气球载人腾空而起吗？那么，你能不能让橡皮泥浮在水面上呢？看谁的橡皮泥里放的钢珠

---

[1] 严先元：《新课程的课堂教学是什么样子》，东北师范大学出版社，2004年版，第12～13页。

多？"

老师提出的问题引起学生极大的关注，学生把橡皮泥做成锅型、船型。一会儿，各组报出数目："48、42、38……"教师问："橡皮泥为什么可以浮在水上？"学生回答："水有浮力。"随后，老师让学生研究浮力与哪些因素有关。平时沉闷的课堂气氛一下子活跃起来，这个说与重量有关，那个说与体积有关、与形状有关、与密度有关……这是学生从生活中观察得出的结论，对不对呢？老师并不急于对学生的结论进行对或错的评价，而是让学生通过实验来验证。

学生分小组开始探究，他们把鸡蛋放入水中，鸡蛋沉下去，他们不停地往水中放盐，鸡蛋浮起来了，学生又把铁块放入量筒，用弹簧测力器去测量……在整个过程中，学生都处在主动、积极、兴奋的状态。他们根据学过的知识和经验，提出种种猜想，最后得出结论：浮力的大小与物体排开液体的体积、液体的密度有关，与物体浸没在液体中的深度无关。

最后，学生以小组为单位"发表结果"。每个小组都很自信地列出几条他们一致认为正确的解释。这节课在兴奋中结束了。学生通过这节课的"自我体验"获得了参与科学活动的美感，也许会使他们终身受益。

下课了，教师给学生留的作业是以下思考题：解释"死海不死"、"曹冲称象"、"孔明灯"、"探测气球升空"、"热水选种"、"驶进大海的轮船"、"饺子熟了会上浮"等现象。让学生通过探究，发表意见。

在这个课例中，学生亲历了"过程"，通过探索获得了"结果"。这样的"结果"难道只是课本中的"结论"吗？整个课堂充满了教师与学生、学生与学生之间的互动。在这样的经验生成与经验分享中所建构的意义，不是灌输所能实现的。

(四)教学不只是关注学科，更要关注学生的发展

学科教学不能凌驾于教育之上。传统教学最大的失误就是只教学生读书、写

作、计算，而不教学生如何快乐地生活，教学过程不能促进学生的道德和人格发展，把学生当作知识的容器、解题的机器。

基础教育新课程改革强调：关注每一位学生，一切为了每一位学生的发展，教育要回归人本，首先就是要恢复完整意义上的"人"。要注重陶冶学生的人格境界，决不能以单一的知识、技能甚至所谓思维能力的训练与培养，来遮蔽了对学生进行人格培育的光芒。基础教育新课程改革颁布的课程标准着眼于学生全面发展和终身发展，确立了"知识与能力、过程与方法、情感态度与价值观"三位一体"的课程目标，为了达成这一目标需要教师进行教学方式的变革。

在教学中，教师不能仅仅关注学生知识的掌握、能力的发展，同时必须关注每一个成长的生命，每一个学生都是一个独特的人，发展的人。尽管他们各方面的表现不尽相同，兴趣爱好、学习方式、个性特长、发展趋势也不尽相同，作为教师要关注的是学生生命的成长，尊重差异才是真正的尊重。关注每一个学生的情感体验，学生在活动中有不同的情感体验。教师要认真分析学生不同的情绪情感表现，充满爱心地去赏识每一个学生。学生厌学的原因很多，教师对待学生的态度与教学方法的不当，是一个非常重要的原因。为什么蕴藏着丰富智慧的知识被教师教得那样枯燥、乏味，失去了知识的活力。你用什么样的眼光和态度去看待学生，学生就会发展成你眼中的"定型"。教师最大的快乐是培养出值得自己骄傲的学生。关注学生的道德生活和人格养成，课堂不仅仅是学生学习知识的地方，更是学生心灵、人格成长的地方，育人是教师的天职，课堂教学蕴藏着丰富的教育因素。教师不仅要充分挖掘和显现教学内容中的教育成分，更要关注学生在学习活动中的道德行为表现。伴随着知识的获得，学生应该越来越有社会责任感，越来越有爱心和同情心。教师要用爱心滋润学生的心灵，让知识教学与心灵人格同步成长。

案例3-3　画伞的人

一年级的美术课上，年轻的女老师为了帮助学生辨认颜色和学会在规定的范围内涂满颜色，创设了这样一种教学方法。老师说："在未来的某个时期，太阳光中有了一种对身体有害的毒素，晒坏了地球上的花草树木，伤害了生活在地球上的小动物，也危及到了我们人类。"老师的脸上神色严峻，孩子们也紧张起来，课堂上静得连掉根针都能听见。年轻的老师转而用欣喜的语调说："就在这个时候，我们人类有了一支马良的神笔，我们可以画一把巨大的伞，把我们自己保护起来。"啊！孩子们松了一口气，有的脸上露出了笑容。这时老师用亲切的目光扫视着大家，"谁来冒着危险画这把大伞呢？"孩子们你看看我，我看看你，有人说："让所有的爸爸、妈妈来画。"老师点点头。又有人说："让爷爷、奶奶来画。"老师也点点头。还有人说："让别的小朋友来画。"孩子们说了很多人，就是没有一个人说到自己能去画。

就在孩子们热烈地一个接一个地推荐人选时，老师陷入了沉思。当课堂安静下来时，老师用动情的语气说："我想，我是一名老师，在这个时候，我应该尽力保护我的学生，我应该第一个出来画伞。"孩子们瞪大了眼睛，注视着老师的举动，只见老师拿起一支彩笔，在黑板上画了一把大大的伞。当老师转过身来时，一个女孩站了起来："老师，我要和你一起画。"她勇敢地走了上去，又一个男孩走了上去……孩子们迎着老师信任的目光一个接一个地走了上去，黑板上的大伞刹时鲜艳起来。

老师和同学们一起静静地看着那把遮住了太阳的鲜艳的大伞，老师说："我们在这把大伞的保护下，度过了危险的时刻。画伞的人该是谁呐——"老师的话音还没落，孩子们异口同声地喊了起来："我们自己。"

(五)教学不仅重视书本知识的学习，还要加强与生活世界的联系

在传统的教学体制下，学生走进课堂，就走进了一个早已预设好的、可能是外在于他的"书本世界"，而当这个书本的世界同他过去的"经验世界"没有很好地沟通和联系的时候，他就无法理解这个书本世界里的最精要的东西——关于客观世界的本质的、规律性的知识以及典型的、最富有魅力的表现形式，这就好像截断了他拓展精神生活需要注入的"源头活水"。而当我们忽视架起书本世界通往现实世界的桥梁时，受困于书本世界里的学生，也就很难听到现实世界对他的召唤，难以领略到现实世界为书本知识的运用提供的诱人境界和无限风光，这样，书本世界的实际"意义"也就荡然无存，这仿佛堵塞了书本世界的"知识流"，堵塞了它涌入现实世界这个浩瀚大海的通道。书本知识成为了"一潭死水"，我们又怎能期盼学生获得的理性认识是"充沛"的、"鲜活"的和"永不枯竭"的呢？

学生是生活中的人，在生活中学生是具体的、活生生的人，学生已经被深深地打上了社会生活背景的烙印。所以面向学生的教育不应仅仅是"书本世界"，而且要面向学生的生活，面向学生的生活世界。[1]

脱离儿童生活世界的间接经验知识传授所产生的结果往往是低效的，甚至是无效的。新课程实施强调进一步关注学生的经验，强调教学要反映社会科技经济进展，满足学生多样化发展的需要。关注学生经验就是我们的课堂教学要跟学生的生活世界和社会、科学世界紧密联系，而不能相脱节。教学内容越接近学生的经验，越与学生已有的现实生活联系得紧密，教学就会越有效。远离学生的经验，再现代化的教学内容也没有用，没有基于儿童经验的基础上去阐述现代内容，脱离了学生的经验，再好的教学内容也是不可行的。所以我们说，某种意义上讲教学内容的现代化，首先是教学内容的现实化。跟少年儿童现实经验远离的

---

[1] 郭元祥：《新课程背景下的学生观重建》，《天津师范大学学报》，2003 年第 6 期。

教学内容，再努力的教学也是低效的。

案例3-4　飞镖里的"鬼"[1]

儿童实践经验是理解和应用书本知识(间接经验)的源泉。钱学森在北京师范大学附属小学求学的时候，最爱和小伙伴们玩掷飞镖的游戏(儿童生活实践)。他折的飞镖飞得又稳又远(经验应用结果)。那些小伙伴都十分惊奇，以为这里面有什么"鬼"(没有将实践经验与知识联系交融来理解)。

他们的自然课老师看见了，让钱学森向同学们讲其中的奥秘，钱学森说："我的飞镖没什么秘密，只是经过多次失败之后一步一步改得好起来。我的飞镖用的纸比较光，头不能做得太重，也不能太轻，否则就飞不起来；翅膀也不能叠得太小，也不能太大，否则就飞不稳、飞不远。这是我多次实验悟出来的道理。"(在实践中"悟"出来的"经验")

那位自然课老师对同学们说："钱学森爱动脑子，从实验中摸索出了折叠飞镖的方法(实践中获得的直接经验)。把飞镖折得规正，叠得有棱有角(经验应用)，就可以保持平衡，减少空气阻力，巧妙地借助风力和浮力(书本知识应用)，这样飞镖就飞得又稳又远了。"(教师的点评，将实践经验应用与自然知识的学习有机地联系在一起了。)

二、重构学生观

为了适应基础教育新课程改革的需要和实施素质教育的需要，教师应改变传统的学生观，树立现代学生观，不能把学生视为被动的客体，是教育者管辖的对象，是装知识的容器；要充分认识到学生是积极的主体，是学习的主人，是需要点燃的火把，是正在成长着的人，教育的目的就是育人。

---

[1]　周小山：《教师的教学究竟靠什么——谈新课程的教学观》，北京大学出版社，2002年版，第88页。

(一)学生是独特的人

既然学习是学生的学习，学生是学习的主体，那么教师应该如何看待作为学习主体的学生，即确立什么样的学生观，就显得非常重要。为了每一个学生自主、健康、终身的发展，既是新课程的根本宗旨，也是学习方式转变的唯一归宿。

学生是独特的人，正像自然界没有完全相同的两片树叶一样，世界上也没有两个完全相同的人，学校和班级里也没有两个完全相同的学生。每个学生都是独特的"这一个"，都是不可重复、不可替代的。承认学生的独特性并致力于培养学生成为具有独特个性的人，是新课程对待学生的基本态度。

学生的独特性首先表现在每个学生都是独立的。"每个学生都是独立于教师的头脑之外，不以教师的意志为转移的客观存在。因此，绝不是教师想让学生怎么样学生就会怎么样。学生不是教师的四肢，可以由教师随意支配；学生不是泥土或石膏，可以由教师任意捏塑"；学生也不是"白纸"，可以由教师胡涂乱抹。教育学和心理学的研究成果表明，任何一个发育正常的人，他从诞生之日起，就不是一张"白纸"，他已经非常天才地在自己心灵的底板上涂抹上了自己的色彩，他已经形成了自己的方式和见解。在促进学生学习方式转变的过程中，教师绝不可以把学生当作是可以任人涂抹的"白纸"，而要把每个学生都当作独立的人来看待，充分尊重学生"自己的色彩"、"自己的方式"、"自己的见解"，充分相信并致力于发展学生潜在的和显在的独立学习能力，允许并帮助学生选择或形成自己独特的学习方式，促进学生富有个性地、创造性地学习。学生的独特性还表现在学生与学生之间是有差异的。每个学生由于遗传素质、环境、家庭条件和生活经历等的不同，形成了个人独特的内心世界、精神世界和内在感受，他们在兴趣、爱好、动机、需要、气质、性格、智能和特长等方面都存在着差异。过去我们的教育往往不能正确对待这种差异，并且总是致力于消除这种差异。

从某种意义上甚至可以说，班级授课制就是建立在对学生差异忽略的基础上的。特别是"应试教育"背景下的班级授课制，往往无视学生差异的存在，企望按照统一的目的、统一的内容、统一的方式和途径，制造统一的"标准件"，其结果是学生个性、特长的发展得不到应有的重视，学生的创造潜能得不到充分开发，部分学生因为不"适合"这种教育而成为"差生"。实际上，学生之间的差异是客观的，也是永恒的。加德纳的多元智力理论指出，每个人的智慧类型不一样，他们的学习需要、学习优势、学习风格等也不一样，每个学生都有着不同于他人的观察、思考和解决问题的方式。教育面对人，就是要承认和尊重生命的独特性，为生命独特性的实现创造条件。教育就是要在每一个个体独特生命的基础上去促进他们的成长、发展和完善，而不是去遏止、压抑和抹杀这种个性和独特性。教育的目的就在于使人成为他自己，变成他自己。教育的作用不是消除差异，而是承认差异，尊重差异，以积极的态度面对有差异的学生，实施有差异的教育，促进有差异的发展，把差异作为一种重要的教育资源加以开发、利用。关注并尊重个体差异，促进学生在教师指导下"富有个性地学习"，满足不同学生的学习需要，这是新课程的重要理念，也是指导教师更新教学方式的内在要求。

(二)学生是具有主体性的人

人的生命与动物的生命不同，动物只有一种本能的生理生命，但人的生理生命只是人生存的生物前提，人的生命更在于他的精神文化追求的应然性。这说明人不是一个动物般的被动性存在，人在应然向度的驱动下，不断地超越自己，人的超越性说明了人有自我发展的动力，他能够以人特有的能动性，创造和满足自己的物质需要与精神需要，并用以发展自己的身心。人的主体性要求教育不能把学生当作消极被动地接受教育影响的人，而是把他们当作认识的主体、发展的主体、学习的主体。教育不是压制他们的主体性，而是为他们主体性的发挥创造条件，从而使他们自觉参与到教育过程中来，促进他们精神的主动发展。学生的主体性主要表现在：

1.学生是学习的主体

每个学生都有自己的躯体、自己的感官、自己的头脑、自己的性格、自己的意愿、自己的知识和思想基础、自己的思想和行动规律。正如每个人都只能用自己的器官吸收物质营养一样，每个学生也只能用自己的器官吸收精神营养。这是别人不能代替，也不能改变的。教师的作用只是做学生掌握知识的领路人，提高觉悟的启迪者，教师只能让学生自己读书，自己感受事物，自己观察、分析、思考，从而使他们自己明白事理，自己掌握事物发展变化的规律。教师不应该也不可能代替学生读书，代替学生感知，代替学生观察、分析、思考，代替学生明白任何一个道理和掌握任何一条规律。

当然，强调学生的主体地位、主体作用，并不是否定教师的主导作用，并不是听任学生的自然发展，更不是对学生一味迁就、迎合。开发人、引导人、滋养人、丰富人、提升人始终是教育的重要职能，而教师是这一职能的主要承担者。否定教师的主导作用，实际上就是否定教育的存在。在学生主体和教师主导的关系上，不少人往往持"矛盾论"，这是不对的。学生主体和教师主导之间不是相互矛盾、此消彼长、水火不容的关系，而应该是相互包容、相互促进、相得益彰的关系。很难设想，某个教育情境中学生主体没有得到很好体现，而教师主导作用却发挥得很好。同样也很难设想，某个教育情境中没有教师的主导作用，学生主体却能发挥得很好。

课堂教学的最终结果不在教师"教"得如何，而在于学生"学"得如何。过去，我们的课堂常常被教师所主宰，比比皆是的"你讲我听"、"你写我抄"式的僵化做法，导致学生失去亲身探究实践的机会，因而无助于学生整体素质的发展。所以，课堂教学的着眼点，要真正让学生作为课堂的主体。

应该让学生积极主动地参与到教学活动中来，形成"多维互动"的教学氛围，从而使学生的潜能得到相应的发挥。只有如此，我们的课堂才有可能焕发出生命的活力。

2.学生是权利的主体

生活在社会中的人，不论其知识经验的多少，能力的大小，都应该是平等的人，享有自己的权利。儿童也应该是如此。但对儿童权利和地位的争取，却是一个漫长的过程。古代社会"人与人之间的依附关系"，使得儿童在家庭成为父母的隶属物，在学校成为教师的附属物，家长把他们当成"不懂事的孩子"，教师把他们当作"教训和管制的对象"，随意地支配他们，他们没有自己独立的地位和尊严。这种情况至今在一些家长和教师的观念中依然存在。学生是权利的主体，享有法律所规定的各项社会权利。国际社会及许多国家都对未成年学生所享有的权利作了具体的规定。教师在树立学生观时有必要正确地认识。

（1）受教育的权利。受教育权利是公民的一项基本权利。《中华人民共和国宪法》和《中华人民共和国教育法》都明确指出："公民有受教育的权利和义务。"《中华人民共和国义务教育法》规定：国家、社会、学校和家庭依法保障适龄儿童、少年接受义务教育的权利。《中华人民共和国未成年人保护法》规定："学校应当尊重未成年学生的受教育权，不得随意开除未成年学生。"保护学生的受教育权，就是保护学生具有平等的受教育权、受教育的选择权和上课权，杜绝对学生上述权利的剥夺。

（2）受尊重的权利。公民的人格尊严是受法律保护的，禁止用任何方法对公民人格的侮辱和诽谤。学生虽是未成年的公民，但其人格尊严同样受法律的保护。《中华人民共和国未成年人保护法》第15条规定，"学校、幼儿园的教职员应当尊重未成年人的人格尊严，不得对未成年学生和儿童实施体罚、变相体罚或其他侮辱人格尊严的行为"。《义务教育法实施细则》第23条规定，学校和教师不得对学生实施侮辱人格尊严的行为，不得歧视品行有缺陷、学习有困难的儿童、少年。《中华人民共和国教师法》在教师的义务中规定，教师应"关心、爱护全体学生，尊重学生人格，促进学生在品德、智力、体质等方面全面发展"。当然，保护学生的受尊重的权利，除了尊重其人格尊严外，还包括不得侵犯学生的隐私权、通讯自由权、名誉权等。

(3) 身心健康权。身心健康权包括未成年学生的生命健康、人身安全、心理健康等。《中华人民共和国教育法》第44条规定，"学校及其他教育机构应当完善体育、卫生保健设施，保护学生的身心健康"。《中华人民共和国未成年人保护法》第16条规定，"学校不得使未成年学生在危及人身安全、健康的校舍和其他教育教学设施中活动"。第17条规定，"学校和幼儿园安排未成年学生和儿童参加集会、文化娱乐、社会实践等集体活动，应当有利于未成年人的健康成长，防止发生人身安全事故"。在教育过程中，体罚也危及学生的安全，不仅危及生命的健康，更会对心理造成伤害。所以，我国法律明令禁止体罚和变相体罚。

(三)学生是不断发展的人

学生是儿童，儿童是成长中的人，处于发展的过程中。因此，我们的教育必须以发展的、动态的眼光来对待学生，不能给学生贴标签和过早定论。即便是处于落后的学生，我们也要看到，落后是暂时的，是可以改变的。教育就是要引导学生的发展，使积极的品质得到进一步的发扬，消极的品质得以转变。以发展的眼光看学生，学生具有发展的潜在可能性。他们的身心没有成熟和定型，具有很大的可塑性和发展空间，这就为教育留有充分的余地。在这一时期，他们容易接受外部的影响，而且身心的品质易于改变。因学生正处在发展之中，发展中的错误是难免的。所以，对待学生，尽管我们引导他们不断地走向完善，但在发展过程中却不能以完人的标准来评价他们，要注意他们的发展方向和发展过程中的点滴进步，给予引导、鼓励和肯定。即便他们的身心发展中出现某些不足和思想行为上的缺点错误，也是成长的代价，他们较之成人来说仍然具有较大的重塑性，因此要以教育为主。成熟、都很懂事，甚至像有些人所期望的那样，比教师还成熟，比成人还懂事，那么还要教育干什么？还要教师干什么？不少教育工作者在这个问题上陷入了误区，因此总是"恨铁不成钢"，总是不能容忍学生的"幼稚"和"错误"。目前教育中的不少问题，根子就在这里。

学生是稚嫩的、不成熟的，他们会不经意地犯一些在我们成人看来很荒唐很可笑的"错误"。甚至从某种意义上说，犯"错误"是儿童和学生的"天性"，不犯"错误"的儿童和学生才有些不正常。因此，教师要以非常宽容的态度对待学生的"错误"，每当学生犯"错误"的时候，应该清醒地意识到"他们还是孩子"，并耐心地等待学生的成熟，而不是违背学生成长的规律，急功近利，拔苗助长。

学生是稚嫩的、不成熟的，他们的自尊心、积极性、想象力和创造的天性等，都像晶莹透亮的露珠一样，珍贵、美丽而又十分脆弱，需要教师倍加呵护，稍有不慎，就可能对学生幼小的心灵造成巨大而难以愈合的伤害。因此，苏霍姆林斯基反复强调："教师要像对待荷叶上的露珠一样，小心翼翼地保护学生幼小的心灵。"从某种意义上说，教育就是一种保护。

学生是发展的人，意味着每个学生都有着丰富的潜能和各种各样发展的可能。现代脑科学研究和许多事实都表明，人的潜能是巨大的。人类至今只不过开发、利用了自己潜能的很少的一部分。教育的作用在于想方设法使每个人的智慧和潜能都得到最大限度的开发，使每个人都能获得最充分的发展，使每个人都能达到他可能达到的境界。教师切不可用静止的眼光，凭学生暂时的表现(如一次或几次考试的成绩)把学生"看死"，而要用发展的眼光看待学生，相信每个学生都具有丰富的智慧和潜能，坚信只要施以适当的教育，学生就会成长，就会发展，并致力于通过教育促进学生的自主发展、健康发展和终身发展。

学生是发展的人，还意味着学生的身心发展是有规律的。认识规律、遵循规律是做好教育工作的前提。它要求教师应努力学习，了解、研究不同年龄阶段学生身心发展的特点，并依据学生身心发展的规律和特点开展教育教学活动，从而有效促进学生身心全面发展。

三、重构师生关系

在教学活动过程中，师生关系是最基本的关系，正如前苏联著名教育家苏霍姆林斯基所指出的那样："课堂上一切困惑和失败的根子，绝大多数场合下都在于教师忘却了：上课，这是教师和儿童的共同劳动，这种劳动的成功，首先是由师生关系来确定的。"师生关系如何对学生的发展、教学效果和教学质量具有重大的意义，事实上，教学过程中如果师生关系这一问题不解决，充分发挥学生主体作用、实现有效教学、促进学生发展等一系列问题都将成为空谈。

长期以来，传统的师生关系一直是授受关系、指导和被指导的关系、命令与服从的关系。教师常以权威者和社会代言人、长者自居，要求学生绝对地服从自己，在课堂上教师是权威，是中心，是表演者，可以随意向学生发号施令，指手画脚地进行着"独白"，学生是观众，是听众，几乎没有声音，只有无条件地服从和接受。教师以机械的、冷冰冰的、僵死的方式进行教学，缺少与学生的交往、沟通，没有教师与学生的"对话"，也没有学生的主动发展。很难想象，在这种敌对、专制、紧张、不平等的关系中，教师既不可能以学生为主体，运用启发式教学，学生也不可能发挥积极主动性，进行自主、探究学习。可以说，构建新型师生关系是转变教学方式的前提保障。因此，基础教育新课程改革极力倡导建立新型的师生关系，即教师在教学过程中应与学生形成民主平等、积极互动、共同发展的关系，为教学改革和学生全面发展创造健康成长的良好氛围和有利条件。

新型师生关系应该是教师和学生在人格上是平等的、在交互活动中是民主的、在相处的氛围上是和谐的。其核心是师生心理相容，心灵的互相接纳，形成师生至爱的、真挚的情感关系。其宗旨是本着学生自主性精神，使他们的人格得到充分发展。它应该体现在：一方面，学生在与教师相互尊重、合作、信任中全面发展自己，获得成就感与生命价值的体验，获得人际关系的积极实践，逐步完成自由个性和健康人格的确立；另一方面，教师通过教育教学活动，让每个学生都能感受到自主的尊严，感受到心灵成长的愉悦。

首先，生活中教师为学生创造和睦、宽松的环境，学生才会信任教师，才会向教师敞开心扉，才会乐于向教师说出真情实感，才会把教师当作朋友。古人云："亲其师则信其道。""亲师"指良好的师生关系，是学生接受教师教育的前提，这一点与现代教育观念是相通的。教育是一门艺术，对待师生关系，教师和学生都应该采取积极的态度，正确理解"民主"、"平等"的内涵，对教育过程发生的问题在思想上要有明确的认识，处理要适度妥当，既不小题大做，过分渲染夸大，也不简单粗暴，草草了事，这样才能促进师生关系健康、和谐发展。

其次，交往与互动是新型师生关系的实质。教学是教师的教与学生的学的统一，教学过程是师生交往、积极互动、共同发展的过程。没有交往，没有互动，就不存在或未发生教学，那些只有教学的形式表现而无实质性交往发生的"教学"是假教学。

交往是活动的最基本形式，亦是人的最基本的精神需要之一。交往不是静态的社会关系的总和，而是动态地表现出来的主体之间的相互作用。

简而言之，所谓交往，就是共在的主体之间的相互作用、相互交流、相互沟通、相互理解，这是人基本的存在方式。在教学中，交往存在着师生间的交往和生生间的交往之分。

交往的本质属性是主体性，交往论承认教师与学生都是教学过程的主体，都是具有独立人格价值的人，两者在人格上完全平等，即师生之间只有价值的平等，而没有高低、强弱之分。师生关系是一种平等、理解、双向的人与人的关系，这种关系得以建立和表征的最基本形式和途径便是交往，离开了交往，师生关系就只是外在的，而不能成为教育力量的真正源泉，甚至反倒成了教育的阻力。当前师生人际关系中普遍存在着教师中心主义和管理主义倾向，严重地剥夺了学生的自主性，伤害了学生的自尊心，摧残了学生的自信心，由此导致学生对教师的怨恨和抵触情绪，师生关系经常处于冲突和对立之中。

以交往互动为特征的教学，要求教师与学生有更多的沟通与对话，教师与学生各自凭借自己的经验，用各自独特的精神表现方式，在教学过程中通过心灵的对接、意见的交换、思想的碰撞、合作的探讨，实现知识的共同拥有与个性的全面发展。在这样的教学中，课堂已不再单纯是教师独霸的唱独角戏的舞台，也不再是一个个学生张开口袋等待灌注的知识回收站，而是生机勃勃、气象万千的生命活动的广阔天地，是浮想联翩、精神焕发和创意生成的智慧的沃土。在这种课堂学习中，别人的信息为自己所吸收，自己的经验被别人的看法所唤起，不同的意识在撞碰中相互同化，于是，每个人的经验都进行了改组和改造，每个人都获得新意义的生成与创造。在这样的课程里才能形成真正的"学习共同体"，成为展开生命活动和精神生活的"理想世界"。这样的教学也才是一种真正意义上的全方位的沟通。

在学校教育中，教师是教的主体，是教学过程的组织者、引导者和促进者。因此，教师主导着教学目标的设计、教学活动的组织、课程资源的选择以及学校课程的开发等方面，体现出教的主体地位。那么，为了发挥教的主体地位，教师应该积极探索并运用先进的教学方法，不断提高专业水平，对学生进行针对性教学，以促进学生的个性发展。而学生是学的主体，没有人能代替学生本人的学习，而学校教育的目的就在于促进学生的学习和发展。因此，尊重学生的主体性是学校教育的出发点和归宿。学习应是发展学生心智、形成健全人格的重要途径。教师应时刻不要忘记，学生是学习的主体，教师应致力于促进学生的学习和体验，让学生掌握接受、探究、质疑、模仿、讨论、体验等不同的学习方式，使学习成为在教师指导下主动的、富有个性的过程。

案例3-5 以平等、宽容的态度激起学生的探究热情

一次，上海特级教师于漪作公开课，学习《宇宙里有些什么》。她让学生看书，提问题。

这时，一个学生站起来问："课文中有这样一句话，'这些恒星系大都有一千万万颗以上的恒星'，这里的'万万'是多少？"话音刚落，全班学生都笑了。问问题的学生很后悔，责怪自己怎么问了一个这么蠢的问题，谁不知道"万万"是"亿"呢？没等老师让坐下，就灰溜溜地坐下去，深深地埋下了头，懊悔自己不该给老师的公开课添这样的麻烦。

于老师笑着说："这个问题不用回答，可能大家都知道。可是我要问：既然'万万'是'亿'，作者为什么不用一个字'亿'，反而用两个字'万万'呢？谁能解释？"教室里静了下来，学生们都在思考。

于老师的学生毕竟是养之有素的，随即便有人举手。于老师叫一个学生站

起来回答。学生说:"我也不太懂,不过我想说说看。我觉得用'万万'读着顺口,还有,好像'万万'比'亿'多。"于老师说:"讲得非常好,别的同学还想说什么吗?"当于老师确认没有不同看法后总结说:"通过对'万万'的讨论,我们了解到汉字重叠的修辞作用,它不但读起来响亮,而且增强了表现力。那么,同学们想一想,我们今天这个知识是怎样获得的呢?"全班学生不约而同地将视线集中到刚才发问的学生身上。这个学生如释重负,先前那种羞愧、自责心理一扫而光,仿佛自己一下子又聪明了许多。

3.教学相长、共同发展是新型师生关系的追求

教学活动是师生双边活动,双方存在着相互促进、彼此推动的关系。因为知识的掌握不能单靠教师的传递,还要靠学生自己的领悟、体验。在师生的相互作用中,教师会受到很多启发,对学生会有更多的了解,这些无疑对教师的专业发展具有很重要的积极意义。我国古代教育遗产中,"教学相长"、"教然后知不足"等主张,确是"民主性精华"。且不说在今天数字化时代,教师的信息优势和高势能受到挑战,单以教师在课堂教学中的具体操作而言,我们也未必都能进入学生独特的精神世界、都能理解学生怎样凭借自身的经验在思考;有时,"灵魂的工程师"也没有能力触及学生的灵魂;在新事物、新变化面前,我们也还得接受"长江后浪推前浪"的现实。难怪许多先期进入新课程的教师,许多和学生一起进行研究性学习的老师,都发出了共同的感慨,如"我们简直惊讶学生富有的智慧和主动精神,真切地感受到一种强大的推力","我们重新找到一颗童心、一种青春的激情,享受到与学生一起成长的欢乐。"

案例3-6 "老师,让我来讲"

一位教师在上小学一年级数学课,她出示一道题让学生讨论"怎么算"。

"幼儿园大班的小朋友做红花。他们送了小班的小朋友5朵以后还剩7朵。大

班的小朋友做了多少朵红花?"

一位学生站起来说:"这道题用减法算。"

"为什么?"

"因为老师您说过,碰到'还剩'就用减法。"

这时,教师感觉到由于自己讲解时的疏漏而造成学生理解的错误。她急切地希望讲明白这道题不能用减法的道理。但是,她越着急越表达不清楚,什么"部分数"、"整体数"之类的概念,越发引来学生迷茫的眼光。

一个童稚的声音打破教室中的沉闷:"老师,我来讲。幼儿园大班的小朋友后来决定不送红花给小班了,他们把送给小班的5朵小红花拿回来,这时,拿回来的5朵,添上原来还剩的7朵,就是大班小朋友所做的红花。所以要用加法算。"

老师长长地舒一口气,用赞许的目光深情地看着这位学生。

第三节 课堂教学方法变革的理论基础

任何教育行为都是以教育理论为指导,教育教学理念贯穿于教育教学的全过程,教学方法也不例外,所有教学方法的诞生和运用都与一定的文化背景和哲学思潮相联系。教学方法的变革不是简单的就事论事,必须探寻其深刻的理论基础,为基础教育新课程改革教学方法的变革提供理论支撑。

一、建构主义学习理论

建构主义兴起于20世纪80年代,其来源驳杂,理论流派众多,主要包括激进建构主义、社会性建构主义等,这些流派提出问题的角度、术语的使用等方面各不相同,但是在如何看待知识、如何理解学习、如何看待教师和学生等问题上却有共同之处。首先,知识是主动建构的,而不是被动接受的。如果没有主体的主动建构,知识是不可能由别人传递给主体并被主体所内化的。因此,学习活动不是由教师机械地灌输给学生知识，而是学生根据其个人先前知识经验主动建构知识的过程，这个过程是别人无法替代的。其次，知识的建构并不是任意的和随心所欲的。学生已经形成的广泛而丰富的经验和背景知识是他们建构知识的基础。无论是对衣食住行，还是宇宙、星体的运行，无论是自然现象，还是社会生活，学生都有自己的一些看法。即使有些问题他们还没有接触过，没有现成的结论，他们也会推出合乎逻辑的假设。离开学习者的背景知识和经验来谈"建构"是毫无意义的。学生建构知识的过程中必须与他人磋商并达成一致，来不断加以修正和调整，这个过程不可避免地受到当时社会文化因素的影响。

建构主义对教学过程有着独到的见解。建构主义认为，由于个人经历、成长过程和所处的社会环境的不同，人们对世界的观察和理解也会不同。个人知识的形成不是取决于客观世界的统一性，而是取决于个人通过与他人的交流和合作而形成的理解。建构主义的教学观认为，在传统教学观中，教学目的是帮助学生了解世界，而不是鼓励学生自己分析他(她)们所观察到的东西。这样做虽然能给教师的教学带来方便，但却限制了学生创造性思维的发展。建构主义教学就是要努力创造一个适宜的学习环境，使学习者能积极主动地建构他们自己的知识。教师的职责是促使学生在"学"的过程中，实现新旧知识的有机结合。建构主义教学更为注重教与学的过程中，学生分析问题、解决问题和创造性思维能力的培养。

建构主义学习理论提倡在教师指导下的、以学生为中心的学习。在整个教学过程中由教师起组织者、指导者、帮助者和促进者的作用，利用情境、协作、会话等学习环境要素，充分发挥学生的主动性、积极性和首创精神，最终达到使学生有效地实现对当前所学知识的意义建构的目的。教学过程中的教师、学生、教材和媒介四要素与传统教学相比，各自有完全不同的作用，彼此之间有完全不同的关系。

建构主义学习理论为了保证学生在建构主义教学模式下顺利完成知识意义的建构，开发出一系列教学方法：支架式教学、抛锚式教学、随机通达教学、自上而下的教学、情境性教学等。如支架式教学就是通过"脚手架"的支撑作用不停地把学生的智力从一个水平提升到另一个新的更高的水平，真正做到教学走在发展的前面。

　　建构主义强调，在学习环境中，学习者必须通过自己主动的、互动的方式学习新的知识，教师不再是以自己的看法及课本现有的知识直接交给学生，而是植根于学生的先前经验的教学；而且，在建构主义的教学活动中，知识建构的过程在教师身上同时发生着，教师必须随着情境的变化，改变自己的知识和教学方式以适应学生的学习。在这个过程中，师生之间是一种平等、互动的合作关系。因此，在建构主义的教学观中，教师不再是知识的灌输者，应该是教学环境的设计者、学生学习的组织者和指导者、课程的开发者、意义建构的合作者、知识的管理者，是学生的学术顾问。教师要从前台退至幕后，从"演员"转变为"导演"。

　　建构主义认为，为了促进学生对知识意义的建构，教师课下所做的工作更多，对教师能力的要求更高。教师不仅要精通教学内容，更要熟悉学生，掌握学生的认知规律，掌握现代化的教育技术，充分利用人类学习资源，设计开发有效的教学资源，善于设计教学环境，能够对学生的学习给予宏观的引导与具体的帮助。因此，从深层次的作用上看教师的新角色较之以往传统的知识讲演者的角色更为重要。教师只有具备更宽广的心胸、更良好的沟通能力、更高超的教学技巧，才能协助学生完成知识意义的建构。

二、多元智力理论

　　美国哈佛大学教授、当代世界著名的心理学家和教育家霍华德·加德纳于

1983年出版了《智力的结构》一书，提出了多元智力理论（又称为"多元智能理论"），这一理论在教育领域受到人们的热切关注，在世界范围内引发了教育理论与实践的"革命性"变革，掀起了一股教育改革的浪潮，被各国教育学、心理学界誉为"哥白尼式的革命"。这一理论为教师和学生教与学方式的变革提供了理论基础。

加德纳对传统的智力理论提出了批评。他认为用传统的标准心理测量工具只是测量了学生的言语智力和逻辑数理智力，是单一的，不能全面准确地反映学生的能力。现实生活中一些现象无法解释：一方面大量的成功人士并非那些智力测试中被认为是智商很高的人；另一方面许多被认定为智商很低，甚至弱智的人却在某些领域表现出了突出的才能和聪明过人之处。

加德纳提出：智力是在某种社会和文化环境的价值标准下，个体用以解决自己遇到的真正难题或生产及创造出有效产品所需要的能力。

在加德纳的多元智力框架中，人的智力至少包括七种智力，即言语-语言智力、音乐-节奏智力、逻辑-数理智力、视觉-空间智力、身体-运动智力、交往-交流智力和自知-自省智力。

加德纳认为判断一个人的智力，要看这个人解决问题的能力以及自然合理环境下的创造力。智力的内涵是多元的，不是一种能力，而是一组能力。智力不是以整合的方式存在而是以相互独立的方式存在。每个人都是具有多种能力组合的个体。

加德纳的多元智力理论的意义，并不只在于它提出了一种对于智力的新解释，更在于它给传统教育观念带来的巨大冲击。以多元智力理论为指导的全新的个性化的教学理念和最优的教与学的范式为我国素质教育的有效实施提供了良好的思路。

根据多元智能理论，我们应该树立积极乐观的学生观。每个学生都有自己的优势智能，有自己的学习风格和方法。因此，教育应该在全面开发每个人的各种智能的基础上，为学生创造多种多样的展现各种智能的情境，给每个人以多样化的选择，从而激发每个人潜在的智能，充分发展每个人的个性。

　　由于学生智力表现形式的多样性和复杂性，因而无论什么时候，不论多么优秀的教师，都不可能找到一种适合于所有学生的教学方法。千篇一律的教学方法只能适用于一部分学生，而对另一些学生则完全无效。这样的教学必然导致部分学生其他方面的智力因素不能得到适当的培养而僵滞、萎缩，这对个人和社会都是一种巨大的浪费。如果教师能够根据不同学生的特点，不断地变换教学方法和手段，学生就有机会利用适合他的智力倾向的方法来学习。多元智力理论的教学观要求我们的教师根据教育内容以及学生智能结构、学习兴趣和学习方式的不同特点，选择和创设多种多样适宜的、能够促进每个学生全面充分发展的教育方法和手段。

　　加德纳的多元智力理论倡导树立多维的评价观。多元智力理论所主张的教育评价是通过多种渠道、采取多种形式、在多种不同的实际生活学习情境下进行的、确实考查学生解决实际问题的能力和创造出初步的精神产品和物质产品的能力评价。教师应该从多方面观察、评价和分析学生的优点和弱势，并把这种由此得来的资料作为服务于学生的出发点，以此为依据，选择和设计适宜的教学内容和教学方法，使评价确实成为促进每一个学生智力充分发展的有效手段。根据加德纳的多元智力理论，美国教育家阿姆斯特朗(Armstrong.T.)坚信提供认识和鼓励最优的教与学的方式，能更好地促进教师的个性化教学，使每个学生都能成为成功的、有效的学习者。

表3-1　美国教育家阿姆斯特朗（Armstrong.T.）的多元智力理论与最优教学方式[1]

智力类型	思考方式	学习需要	学习优势	学习风格
言语／语言智力	通过语言	书籍，磁带，作品，日记，会话，讨论，争论	阅读，写作，说故事，做文字游戏	主要通过听说读写的方式学习，谈话能激发他们产生学习的欲望。教师应为他们提供视听材料，尽量创造运用写作能力的机会。
逻辑／数理智力	通过推理	做实验用的材料，科学素材，喜欢到科学馆、天文馆参观	做实验，提问题，逻辑推理，复杂计算	主要通过概念形成和型式识别等方式学习，善于计算，善于收集资料。教师应为他们的实验和操作提供具体的材料。
视觉／空间智力	通过想象和画面	艺术，电影，想象性的游戏，迷津，插图，喜欢参观艺术博物馆	设计，绘画，想象，涂鸦	教师应通过想象、图片和色彩教学。教师还应帮助孩子的父母亲对他所幻想的内容进行生动的描述。
身体／运动智力	通过身体的感觉	角色扮演，戏剧，运动，有可用于搭建的材料，体育比赛，要有触觉性的经历，动手操作性的学习	跳舞，奔跑，跳跃，触摸觉，做手势	主要通过触摸觉等方式学习，角色扮演、戏剧的即兴创作等均能激发他们的学习欲望。教师应安排用手操作的活动来为他们提供最佳的学习机会。

---

[1]　钟启泉、崔允漷等：《为了中华民族的复兴，为了每位学生的发展》，华东师大出版社，2001年版。

人际交往智力	通过与他人交换思想	要有众多的朋友，喜欢小组游戏，社会参与	带头，组织，交往，管理，协调，参与社会活动	主要通过与他人的联系、合作、交往等方式学习，小组教学是适合他们学习的最好方式。教师应为他们提供与同伴交往的机会，安排他们参加各种学校与班级活动。
自我反省智力	通过其自身的需要、情感和目标	需要有单独的时间，需要自定步调学习，有自主的选择	自定目标，不断调整，有条不紊，自我反省	主要通过自我激发的学习，通过自定计划能学得更好。教师应尊重他们的业余爱好，承认他们所从事的活动，成为他们的"保护人"，使他们具有心理安全感。
自然观察智力	通过自然和自然形态	接近自然，需要有与动物交流的机会，需要探索自然的工具（如放大镜、显微镜等）	喜欢做园艺工作，探究自然奥秘，与宠物玩耍，饲养动物，关心地球与太空	运用科学的仪器观察自然，发起或从事一些食物链、水循环或环境问题的项目。预测与人类定居有关的自然问题，参加环境、野生动物保护组织。发现或报道某个地方或全球环境问题。积累和标示出各种收集来的自然物体。

三、发展性教学理论

发展性教学理论是针对传统教学中严重忽视人的发展而提出的，国内外许多教育专家都从不同方面探讨了发展性教学理论。早在20世纪20年代至30年代，前苏联心理学家维果茨基就提出了"最近发展区"理论，认为教学应走在发展的前面。对教学过程而言，重要的不是着眼于学生现在已经完成的发展过程，而是关注他那些正处于形成的状态或正在发展的过程。教学决定着智力的发展，因此，如果教师在教育过程中只是利用学生现有的知识水平，那么教育过程就不可能成为学生发展的源泉，学生的发展就会受到限制或阻碍，影响其积极性和创造性。只有走在发展前面的教学才是良好的教学，才能有效地促进学生的发展。

20世纪50年代至70年代，前苏联教育家赞可夫通过长达20年的"教学与发展"的实验研究，提炼出"一般发展理论"，即"以最好的教学效果，促进儿童的一般发展"。赞可夫认为，不是任何一种教学都能促进学生的一般发展。他批评传统教学只是单纯追求掌握知识和技能技巧，未能揭示出掌握知识过程中儿童心理发展的规律，发展性教学的核心思想就是要建立能促进要求的教学。为了促进学生的一般发展，赞可夫提出与传统教学不同的教学原则和发展性教学的方法。他提出在教学过程中采用的方法应讲清基本概念，精心安排练习；使学生能深入地从各个方面理解和体会课文；积极发展学生的言语；让学生自己动脑思考、推理，独立地探求问题的答案；使学生过一种积极而丰富的精神生活；有助于培养学生的精神需要，形成学生的内部诱因。

目前，发展性教学理论已被世界越来越多的人接受和利用，并日益产生巨大的理论指导作用。从发展性教学理论对于教育实践的影响来看，发展性教学理论重视学生的发展，特别是个性化发展，要求把学生的发展放在中心位置。发展性教学是促进学生获得全面发展的教学，它以学生为主体，通过引导学生主动学习，促进他们主体性发展。教学与发展是一种社会和合作活动，它们是永远不能被"教"给某个人的。它适于学生在他们自己的头脑中构筑自己的理解。而正是在这一过程中，教师扮演着"促进者"和"帮助者"的角色，指导、激励、帮助学生全面发展。而以学生的发展为根本目标的教学必然重视教学活动的设计，特别是教师教学方式与学生学习方式的设计。在教学过程中，教师不仅应该了解学生的实际发展水平，而且更应该了解学生的潜在发展水平，同时，教师不能简单地"传授"，我们应该鼓励学生主动地去解决问题，在问题的解决中学习，在问题解决中探索，激发他们的好奇心，引发他们对问题解决的深层理解，从而通过问题解决，使学生建构起对知识的理解。

四、非指导性教学理论

非指导性教学理论也称为人本主义教学理论，产生于美国，是一种在世界各国教育理论与实践领域都产生了重要影响的理论。美国著名的人本主义心理学家卡尔·罗杰斯是该理论的主要代表人物之一。非指导性教学理论是指教学必须以学生为中心，教师采用间接的、不明确的指示和命令的方法，鼓励学生自由地表达情感、提出问题、采取行动、解决问题。教师扮演着一个促进者的角色，是帮助学生探索生活、学业以及与他人的关系。教学的最终目标是促进学生的个性发展。

罗杰斯所倡导的非指导性教学主要强调在课堂中创造一种接受的气氛，围绕着发展学生个人和小组的目标而进行，师生的地位平等。

罗杰斯对传统的教育方式进行了猛烈的批评。他认为传统教育的悲剧就是把认知学习当成唯一重要的，教育者认为，只要把课程设计好，教学方法适合，学生就会很好地学习。传统教学将教师置于教学活动的核心地位，学生成了奴隶，教师是权威，而学生成为服从者。这种教学最终使学生盲目服从，无法使学生发展成为具有独特品质和实现自我的人。所以罗杰斯主张废除教师中心，提倡以学生为中心，引导学生从课程中获取个人自由发展的经验，促进学生进行"意义学习"。罗杰斯说："就意义学习来说，我所意指的这种学习超乎了一种对事实的积累。它是一个对个体的行为、对他将来选择活动的过程、对他的态度和个性发生影响的学习。这是一种弥散性学习。它不仅仅是一种知识的增长，它还渗透到他每一个存在的部分。"[1]

为了促进学生进行"意义学习"，教师不再是一个"训练者"，而应成为一名帮助学生自我指导、自我主导的"促进者"，教师的主要任务是为学生的学习创设一个积极向上的氛围和各种手段。罗杰斯提出教师的作用主要表现在以下四个方面：

帮助学生澄清自己想要学习什么；

帮助学生安排适宜的学习活动与材料；

帮助学生发现他们所学东西的个人意义；

维持着某种滋育学习过程的心理氛围。[2]

教师要充分发挥以上四个方面的作用，教师必须要做一个真实的人，如实地表达自己的观点、想法和情感；无条件地接受学生，赏识学生，相信学生有能力进行有效的自我学习；对学生的移情性理解，从学生的角度观察世界，理解学生的内心世界，能够设身处地替学生着想。只有处理好教育者和受教育者的人际关系，才能创设良好的、有助于学生成长的教学心理氛围。罗杰斯具体描述了这种良好的心理氛围："如果我能帮助产生一种以真实、尊重和理解为特征的气氛，那么，激动人心的事情就发生了。在这样一种气氛中的个人和小组，离开僵化走向灵活性，离开凝固的生活走向变化过程的生活，离开依赖走向自主，离开戒防走向自我接受，离开被预定走向一种不能预料的创造性。它们展示了一种实现倾向的活生生的证据。"[3]可以预见在这样的教学氛围中，学生的成长和进步是意料之中的事情。

---

[1] 卡尔·罗杰斯：《论人的形成》，波士顿，1961年版，第280页。

[2] 钟启泉等：《美国教学论流派》，陕西人民教育出版社，1993年版，第259页。

[3] 卡尔·罗杰斯：《一种存在的方式》，波士顿，1980年版，第43～44页。

第四节 课堂教学方法变革的基本策略

长期以来，我国传统课堂教学中一直是教师牵着学生走，学生围着教师转。其结果导致了课堂教学"一言堂"，比较沉闷，缺乏生气，缺乏对智慧的挑战和对好奇心的刺激，难以唤起学生学习的积极性和主动性，使师生的生命力在课堂中得不到充分发挥，进而使教学本身也成为导致学生厌学、教师厌教的因素。为了从根本上改变这一现状，新课程改革发出"让课堂充满生活活力"的呐喊，课堂教学既要让学生的个性充分发展，也要让教师的智慧充分展现。在教学中，教师过多地考虑"如何教"，并且习惯于按照事先的"脚本"来进行"教学表演"，习惯于熟练的"授受方式"。在倡导转变学生学习方式的今天，应该从"独奏者"的角色过渡到"伴奏者"的角度，应该更多地思考学生"如何学"，在教学中应重视学生的主体地位，充分发挥学生的能动作用，即以学生的兴趣和需求为主，力争做到和学生平等对话、共同探究。强调学法与教法在教学过程中的最优结合。它要求教师要从学情出发，设计课堂教学方法，从而保证教法与学法改革的同步进行。

一、构建充满生命活力的课堂教学

课堂情境是极其复杂的，什么样的课堂才是充满活力的课堂？人们有不同的认识。什么样的课堂才有活力、智慧和情趣，才能让学生真正成为学习的主人呢？充满活力的课堂应该是洋溢温馨、充满情趣的课堂；应该是彰显和谐关爱的课堂；应该是珍视个性、充满童真的课堂；应该是放飞梦想、流淌诗意的课堂；应该是激发热情、联系生活的课堂。

著名教育家朱永新教授认为充满活力的课堂应当具有以下六个特征。[1]

一是参与度。即有学生的全员参与、全程参与和有效参与。英国牛津大学出

---

[1] 朱永新：《我心中的理想智育》（下），《教师博览》，2001 年第 11 期。

版社的"牛津英语教师宝库"中有一本《以学生为主体的教学》该书作者认为，课堂教学需要"提倡学生参与决定教学内容，力图使学生自己的输入成为主要的教学内容资源，并成为整个教学活动的中心"。这就是说，如果课堂上教师"满堂灌"，没有学生的参与，就根本不可能激发学生的思想。在这个意义上，我们主张一般的课堂，学生发言与活动的时间至少不能少于二分之一。

二是亲和度。即师生之间愉快的情感沟通与智慧交流。吉尔·哈德斐尔德(JillHadfield)在《课堂活力》一书中说，"班级里可能充满了欢乐、友谊、合作和渴望，也可能是沉默、不快、矛盾和敌意"。前者无疑是亲和度高的表现，也是课堂教学成功的基础。

三是自由度。我们的课堂犹如军营，强调的是铁的纪律，正襟危坐，学生如履薄冰，战战兢兢，少了一些轻松，少了一些幽默，少了一些欢声笑语，少了一些神采飞扬。尤其是要求学生齐声回答，不允许交头接耳，不允许与老师争辩等，无疑是给学生的身心自由发展套上了枷锁。

四是整合度。即整体地把握学科知识体系。整合度不高的课堂教学，往往把完整的知识支离为鸡零狗碎，如语文老师把字、词从具体的语言环境中分割出来，历史老师把事件从时代背景中游离出来，学生得到的只是被肢解的知识，而不是真正的整合知识的智慧。

五是练习度。即学生在课堂上动脑动手动口的程度。根据维果茨基的理论，学生们是通过与教师和同伴的共同活动，通过观察、模仿、体验，在互动中学习，在活动中学习的，学习的效率与成果如何，取决于在互动与生活过程中能否充分地运用自己的能动器官。所以，一堂好课，不在于它有条不紊，不在于它流畅顺达，而在于它是否真正地让孩子练习和实践。

六是延展度。即在知识整合的基础上向广度和深度延展，从课堂教学向社会生活延伸。叶澜教授和肖川博士也曾以追问的形式，描绘了真正充满生命活力的课堂的情景：

当学生茫无头绪时，我能否给他们以启迪？

当学生没有信心时，我能否唤起他们的力量？

我能否从学生的眼中读出愿望？

我能否听出学生回答中的创造？

我能否使学生觉得我的精神、脉搏与他们一起欢跳？

我能否使学生的争论擦出思维的火花？

我能否使学生在课堂上学习合作，感受和谐的欢快、发现的欣喜？

我能否让学生在课堂上"豁然开朗"、"茅塞顿开"或者"悠然心会"？

我能否让学生在课堂上"怦然心动"、"浮想联翩"或者"百感交集"？

我能否帮助学生达到内心澄明、视界敞亮？……

这些论述对我们感悟如何焕发课堂的生命力，构建在交往、"碰撞"中生成课程的课堂提供了重要启示。真正的学习从来就不只是纯粹智力增长，学习的主要意义取决于学生的课堂体验。

案例3-7　鲜花与星星[1]

一(1)班的课堂：片段1

投影出示词语：星星

师：如果你正看着满天的星星，想怎么做？

生：我想有把梯子让我上天去，我要摸一摸星星，看星星究竟是什么样的。

生：我也想靠近星星，看看它为什么会眨眼睛。

---

[1]　周成平：《新课程名师教学100条建议》，中国科学技术出版社，2005年版，第135页。

生：我想摘几颗星星用线串起来做成项链戴在妈妈的脖子上。

生：我想叫爷爷摘一颗星星给我做小灯笼。

……

（学生争先恐后，一只只小手举得高高的，都非常希望老师能叫到他(她)，没被叫到的，失望的神情写在脸上，有些还深深地叹了一口气。）

师：老师知道大家的愿望都很精彩，同学们，星星是多么有趣，星星是多么神秘啊，我们一起来读这个词，一边读一边要想着自己的愿望哟！

（学生读词时眼睛发亮，表情也极其丰富。）

一(2)班的课堂：片段2

师：同学们，今天我们学了一首美丽的诗，下面我们也来学做小诗人好吗？

生：(兴高采烈)好！

投影出示图：满池的荷叶，荷叶间有小鱼。

师：仔细观察图中有些什么，自由说一说，要把池塘里的景物美美地说出来。

（学生自由看图，兴致勃勃地练说。）

教师提问。

投影出示：

池子里有小鱼，

这里____，那里____，

真比____。

池子里有荷叶，

这里____，那里____，

真比____。

师：我们看了美丽的画面，现在来完成这一首小诗。

（学生非常顺利地完成了一首首小诗，而且用词丰富新颖。）

相同的教材，相同的教学设计，不同的老师，不同的班级，教学效果却不相同。营造一个开放的课堂、对话的课堂，师生进入忘我的境界，他们就会相互作用，彼此创生，反之，就会循规蹈矩，缺乏活力。

二、教师要不断调适自己的教学方式

我国中小学的课堂教学大多局限于传统的单向活动论，即一种"教师→学生"的单向交流模式，传统的教学方法也主要体现在教师的"如何教"上面，而对学生"如何学"涉及很少。教师更多的是考虑自己采用什么方法上这堂课，上课时主要是沿着自己的教学思路去"引导"学生，往往以自己的教学愿望将学生巧妙地引入自己的教学设计，因而忽视了学生自己去钻研、领悟和感受的过程。教学活动是师生的"双边"活动，教学过程是师生交往、互动、共同发展的过程。教与学的过程是互动不可分割的过程。所以要求教师应更多地思考学生"如何学"，即以学生的求知需求为主线，追求教师和学生面对知识共同探讨，平等对话。如魏书生老师在他的语文教学中，讲得很少，而更多的是让学生们提出问题，承包给他们学习任务，引导他们互教互学，相互切磋，讨论求解，共同提高，师生之间、生生之间的互动得到了充分的运用。

当下的中小学课堂，教师要做的事情主要是思考调适自己的教学方式，目的是帮助学生习得新的学习方式，调动学生学习的积极性，培养学生自主学习的能力，使学生获得最佳的发展。钟启泉在《为了中华民族的复兴，为了每位学生的发展》一书中指出：教师要从以下几方面调适自己的教学方式[1]：

1．教师要明确自己的职责

教师在教学中有如下几个方面的职责：

---

[1] 钟启泉等：《为了中华民族的复兴，为了每位学生的发展》，华东师范大学出版社，2001年版，第267～269页。

帮助学生检视和反思自我，明了自己想要学习什么和获得什么；

帮助学生寻找、搜集和利用学习资源；

帮助学生设计恰当的学习活动；

帮助学生发现他们所学东西的个人意义；

帮助学生营造和维持学习过程中积极的心理氛围；

帮助学生对学习过程和结果进行评价，并促进评价的内在化。

2. 教师要重新认识教学和教学过程

教学的目的在于帮助每一个学生进行有效的学习，使之按自己的方向得到尽可能充分的发展。教学是以促进学习的方式影响学习者的一系列行为，但应更多地视为一项人际互动的过程。那种通过严格程式化的规则、过程、步骤进行监控的系统方法并不适合这项工作。教学过程由以下事件构成：

引起注意和唤起学习者的学习需要；

就教学要达到的目标形成共识；

激活学习所必需的先前经验；

规划学习领域并提供适当的学习资源；

引出作业并适时提供作业正确性的反馈；

促进保持和迁移。

3. 教师要认真分析学生怎样学得最好

我们不妨思考一下"在何种情形下学生学得最好"这样一个问题，这对于我们如何在课堂中落实自主学习、合作学习与探究学习将很有帮助。我们认为在如下情况下，学生有可能学得最好：

当学生有兴趣时；

当学生的身心处于最佳状态时；

当教学内容能够用多种形式来呈现时；

当学生遭遇到理智的挑战时；

当学生发现知识的个人意义时；

当学生能自由参与探索与创新时；

当学生被鼓舞和被信任能做重要的事情时；

当学生有更高的自我期待时；

当学生能够学以致用时；

当学生对教师充满信任和热爱时。

4．教师要合理采用教学的策略

教师的教学采用如下策略，将有助于增进教学的效果：

帮助学生确立能够达成的目标；

教学方式服务于学生的学习方式；

密切联系学生的生活世界；

激励学生完成富有挑战性的任务；

及时反馈，建造沟通的桥梁；

不要限制学生思考的方向；

帮助学生发现知识的个人意义；

强调理解而非死记结论；

经常提示本课程与其他课程的关联；

引导学生创设融洽和谐的学习氛围；

教师要勇于承认自己的缺失或错误。

案例3-8　自然课[1]

一位美国小学教师在自然课上，向学生展示许多晶莹、透明的玻璃珠照片。照片吸引了每个孩子的目光。这时她问："谁知道这些美丽的玻璃球是从哪儿来的？"

"宝石商店买的。"一些孩子回答。

她却笑着说："不对。这是我们的登月宇航员阿姆斯特朗从月球上带回来的。这玻璃球是月球土壤中的。"

这时，全班儿童的眼睛都发亮了。

"谁在月亮上做的？""怎么做的？"孩子们抢着提出许多问题。

教师却笑而不答。她又展示一组照片。这些是陨星坠落时的照片，有的是流星的，有的是坠落后引起爆炸、引发森林大火的。

"这是为什么呢？"

"摩擦和撞击可以生热。"

此后，教师又带孩子们参观学校附近的玻璃制造厂，他们看到石英砂在熔炉中熔融而成玻璃。

这时，聪明的孩子已经顿悟了。在班里，讨论他们自己提出的问题时，答案已经十分清楚，是陨星在月亮上做成的玻璃珠。它高速撞击月面，使那些含石英的土壤熔融成为玻璃珠。

三．教学方法使用上要"独具匠心"

(一)彰显每一种方法的优势

当前变革课堂教学方法并不是完全摒弃传统的教学方法。传统教学方法经历了时间和实践的检验，都有自己的特定适用范围、优势和局限性，传统的教学方

---

[1]　周小山：《教师教学究竟靠什么——谈新课程的教学观》，北京大学出版社，2002年版。

法一般情况下是把学习建立在人的客体性、受动性、依赖性上，结果导致了人的主体性、能动性、独立性的不断销蚀。只要在"以学生发展为本"理念指导下，把学习建立在人的主体性、能动性、独立性的不断生成的基础上，坚持确立学生的主体地位，以培养学生实践能力和创新精神为重点，完成适合的教学任务，它是可以充分发挥其优势和作用的。也就是说只要使用得当，任何一种教学方法都可以具有启发性，调动学习学习的积极性；反之，如果使用不当，任何一种教学方法都可能是注入式。

讲授法是中小学教学中最常用的方法之一，它是一种能充分发挥教师主导作用，有利于学生掌握系统知识和高效学习的教学方法。正如奥苏贝尔所说："讲授法从来就是讲授任何教学法体系的核心，看来以后也有可能是这样，因为它是传授大量知识唯一可行和有效的方法。"有人说教授法是"填鸭式"的注入教学，这种指责是不确切的。奥苏贝尔指出，言语讲授法之所以受到贬低，部分原因是由于有一些教师在教学中采取极其不适当的做法导致学生机械学习。讲授的艺术在于能用准确、鲜明、生动的语言，调动学生已有的知识经验，激发学生的思维，帮助学生构建知识的意义。教师要充分发挥讲授法的优势，以清晰、流畅的表述，对观念做精确而透彻的讲解，对影响学生思维的因素进行有效的处理，让学生通过有意义的接受学习，在认知结构中形成清晰、稳定和系统的知识体系。

案例3-9 北京光明小学许通儒老师关于《黄河象》一课的教学纪实片段[1]

师：今天我们学习新课《黄河象》（板书课题：黄河象）。一说到大象，大家特别感兴趣，你们都在动物园见过大象吧？谁知道咱们国家哪儿产大象？世界上还有哪儿产大象？（这是教师有意唤起学生的已有观念或知识，以帮助对新课的理

---

[1] 商继宗：《教学方法现代化的研究》，华东师范大学出版社，2001年版。

解，或使新旧观念综合贯通。)

生：在我国云南热带丛林里有大象，还有与我国邻近的缅甸、柬埔寨、越南也都有大象……

师：你是怎么知道这些知识的？

生：我在书上看的。

师：嗯，很好。咱们多看书，就能知道许多知识。(稍停)我们今天讲的这头黄河象，是200万年以前的古生物。它是什么样子的呢？咱们先看看书上的图，请把书翻开。(学生把书翻开)

……你们看，这具黄河象的骨架多大呀！为什么叫它黄河象呢？因为这一具大象的骨架是在黄河流域发现的，所以叫黄河象。据科学家的鉴定，这头象距离我们现在有200万年了。我们今天来了解200万年前的古生物，不禁会想：这黄河象的骨架怎么来的？黄河象生前是什么样子？它是怎么被发掘出来的？这篇课文里讲得很清楚，很有趣，咱们好好学，这些问题都会解决的。(教师在这里简单地介绍了黄河象，还提出了几个问题。这不仅可以引起学生的学习兴趣，而且对新课的学习还会起着先行组织的作用，指引着学生阅读和理解课文。)

在学这篇课文之前，同学们都预习了。有些同学预习得非常认真，比如×××、××这些同学值得表扬。(这种及时的表扬，可以增强学习动机，对学习将会产生激励作用。)大家肯动脑筋了。尤其是有些同学读得比较细，把老师课堂上教给你们的学习方法用在预习中了。有些同学读到重点句子、重点词时，就在书上写写、画画，这个方法很好。不足之处是有些同学注意字词比较多，注意自学文章内容比较少。再有一点是，我要求大家在学完字词后，要反复多读课文，这一点大家做得还不够，以后预习时要注意。(指导预习是读书指导的一个重要方面，有助于培养学生的阅读能力和自学能力，是学习方法指导的一个组成部分。)下面根据预习情况，我们先来学习课文的字词。(挂字词图)谁来念？

生：颌hé，下颌。

师：对，下颌。你看看书上的大象图，大象的哪个部位是下颌？

生：大象牙的下边那一块就是下颌。

师：下颌指什么部位，刚才他说对了，大象牙的下边，就是下巴。(指另一个字)

生：椎zhuī，尾椎。

师：尾椎，很小的一点儿，要仔细在图上找才能找到，你来找找。

生：在大象两条后腿后边，有一个小短尾巴似的，就是尾椎。

师：两条后腿之间，耷拉下来的那块骨骼就是尾椎。

(结合看插图学字词，这种做法好。通过预习，学生对插图的内容有了初步的印象，在认知结构中对黄河象的骨骼化石已形成一定的表象。作为认知结构中已有的适当观念，这种表象对学习相关的生字新词起着固着点的作用，对理解课文内容也起着同样的作用。"下巴"是学生所熟知的一个词，通过它可以牢牢地把新词固着在认知结构中，使二者建立起实质性的和非人为的联系。)

师：图上画的是一具完整的大象骨架。这具骨架是200万年以前那具大象原来的骨骼吗？

生：不是的。

师：那是什么？

生：是骨头的化石。

师：对了，是骨头的化石。古代生物的遗体或一些遗物埋在地下，经过很长很长的时间，这些东西慢慢起着变化，最后变成像石头一样硬的东西，这种东西就叫化石。化石的用处可大啦，科学家们通过对化石的分析，就可以研究出这些生物是怎样慢慢发生演变的，进而知道这个地方的地层是怎样变化的。我国挖掘出来的一具黄河象古化石，是举世罕见的，这对于进行科学研究和古生物研究是非常有价值的。(用简练、概括的语言，讲明了化石的形成和意义以及黄河象化石的价值，这有助于对课文的进一步学习和理解，在一定意义上也起着组织教学的作用。)

长期以来由于对传统灌输式教学的批判，当前在中小学教学中纯粹"灌输式"的由老师一包到底的教学不常见了，取而代之的是"满堂问"。这种"满堂问"表面看起来一问一答，甚是热闹，像是师生互动，其实，课堂中充斥着的是那种不经大脑思考就可以脱口而出的问题，根本谈不上教育的价值。一般都是教师问学生，教师完全控制课堂教学的节奏，学生始终处于被动回答问题的地位，不是真正意义上的"对话"，即使教师注意到让学生提出问题，但在课堂教学中缺乏对相关问题的回应，使问题成为摆设而没有实际意义。

在教学过程中，教师具有问题意识是一种思想进步的表现，从某种意义上讲，没有问题的教学不是真正意义上的教学。然而问题的提出不在于数量的多少，而在于问题的质量，在于问题能否真正引发学生的思考，推动教学的进展。一切思维源于问题，高质量的问题必然会体现学生参与讨论问题的广度，学生参与探讨的深度，实现学生在参与过程中解决问题的有效度。这也是师生互动、生生互动得以展开的前提条件。

案例3-10　问题教学？[1]

这是一位老师在执教人美版《美术》第一册"鼓儿响咚咚"的教学片段。

(教师运用现代信息技术手段，一开始就通过投影大屏幕展现西北大汉擂大鼓的壮观场景。)

师：你们看到了什么？

生：打鼓。

---

[1]　魏薇等：《中外教育经典案例评析》，山东人民出版社，2005年版。

师：你们听到了什么？

生：(齐声)鼓声。

师：(老师拿出一面腰鼓)这是什么？

生：(齐答)腰鼓。

师：鼓能干什么用呢？

生：打、敲。

师：你们想不想听一听腰鼓发出的声音？

生：(齐答)想。

（教师用手击鼓，发出咚咚的响声。接着，老师拿着腰鼓一一讲解：这是鼓身、鼓面，那是鼓带、鼓槌。）

师：你们想不想自己动手做一个能敲响的鼓？

生：(齐答)想。

师：现在按小组(课前已经分好)讨论一下，用什么材料做小鼓？小组长分工，谁来做鼓身，谁来做鼓面。(师话音未落，学生就已经自己动手干起来了，用不着分工，也用不着商量，自己干自己的。)

(二)活化方法，注重各种方法的统合

前苏联教育家巴班斯基曾经指出："教学方法的最优化程序中一个最重要的、也是最困难的问题是合理地去选择各种教学方法并使之达到这样的结合，即能在该条件下，在有限的时间内获得最好的教学效果。"教学过程受多种因素的制约，如教学情境的变化、教学内容的丰富、教学任务的全面等，使得课堂教学往往不能固执于某一种教学方法，教学过程应当有多种多样的教学方法与之相应。每种教学方法都有自己独特的效果，但是又没有任何一种方法是万能的，在众多的教学方法中，一种方法的优点，可能恰恰是另一种方法的不足所在，美国著名教育家布鲁姆曾经指出："在现有的教学策略上加上另一种新策略，其效果虽不会因此而增倍，但确能增加效果。"因此教师在课堂教学中如果能有效利用各种方法之间的这种互补性，并将具有互补性的方法互配使用，围绕教学目标和教学任务选用不同的教学方法，把各种教学方法有机结合起来使用，使各类方法能有效地融入课堂互动格局之中，充分发挥教学方法的综合整体功能。一定能取得好的效果。

教学有法，教无定法，贵在得法。在课堂教学中，教学方法的设计和使用、使用中的时间长短以及使用中学生的反应等都是非固定性的，都是因时、因地、因人而异的。这要求教师在选择使用教学方法中，要灵活机智，随时把握好不同方法的应用。特别是要具有方法使用机智，根据课堂教学中不同方法使用中出现的特殊课堂气氛和突发的因素，巧妙地因势利导，采用一些新颖的方法，从而收到意料之外的最佳效果。

案例3-11 《游园不值》教学片段[1]

师：这一枝粉红的杏花出现在诗人的眼前，诗人便断定那满园春色已关不住了。假如你就是诗人，你会想象到园内会有哪些景物，都是什么样的呢？能给大家描述一下吗？

生：园内百花盛开，五颜六色，红的似火，粉的如霞，白的赛雪，漂亮极了。几棵高大的柳树像用碧玉装饰成的，柔软的枝条在风中飘摆。

生：小草绿油油的，像给花园铺上了绿色的地毯。花丛中，一只只蝴蝶翩翩起舞，早勤的小蜜蜂正忙着采蜜。

生：一条小河从花园边上哗哗地流过，河水清澈见底，绿树、红花、蓝天、白云映在水中，如同一幅动人的图画。

师：你们的想象多丰富啊！诗人就像你们一样，眼看出墙"红杏"，心想墙

---

[1] 杨颖等：《新课程理念与小学语文课堂教学实施》，首都师范大学出版社，2003年版。

内百花；眼看出墙"一枝"，心想墙内万树。此时他的心情又如何呢？

生：诗人会高兴起来，觉得没有白来。(师板书"高兴")

师：谁能带着这种心情来读读这两行诗？(师指名有感情地读诗)

师：既然大家已经体会到了诗人的感情，就请同学们做一回诗人叶绍翁，到前面来边吟诗边表演诗中的情景，老师给你们配乐。谁想来？其他同学要认真看，然后依据你们对诗句的体会评价他们的表演。

(一学生走到前面表演。他慢慢走来，轻轻敲门，等了一会儿，踮起脚张望，又是轻轻敲门。过了一会儿，长长叹了一口气，吟道："应怜屐齿印苍苔，小扣柴扉久不开。"转身要离开，一抬头，眼睛一亮，满脸惊喜，踮起脚伸出手拉过一枝"红杏"，凑到鼻子下，吸气，闭眼微笑，吟道："春色满园关不住，一枝红杏出墙来。")

生：我觉得他演出了诗人由失望到高兴的心情变化。但是我想园外的路上也会有青苔，诗人如果也爱惜它们，走路的时候就应该小心些，躲闪着脚下的苍苔。

生：我觉得他准确地表现了"小扣"、"久不开"等特点。可我想红杏已经出墙来了，在春风中诗人不必凑过去就应该闻到香味了。他这里表演得不太合适。

(另一学生再次表演，其他同学不由自主地随着吟诗。)

师：红杏和绿柳从古至今都是春色的典型代表，而本诗中这枝红杏更因为预示了满园春色而流传千古。其实，春色一旦满园，不仅是杏花，其他景物也会冲破围墙向我们宣告春天的来临。下面，同学们就用上杏花之外的其他景物改写最后一行诗：春色满园关不住，下一句怎么接？有困难的可以组内合作改写。

(生在组内讨论、推敲，师到各组参与讨论。合作学习5分钟。)

生：春色满园关不住，阵阵花香扑鼻来。

生：春色满园关不住，绿柳如丝出墙来。

生：春色满园关不住，蜜蜂蝴蝶翩翩来。

生：春色满园关不住，河水叮咚入耳来。

生：春色满园关不住，杨花柳絮过墙来。

(师生共同对改写的诗句作出评价)

师：看起来同学们不仅能读懂古诗，也可以写古诗了。课后同学们就模仿这首《游园不值》也写上一首赞美春天的诗，能行吗？(生兴奋地点头)

师：其实，赞美春天的优美诗句还有很多，老师今天就再推荐给同学们一首《春江花月夜》，可以在《唐诗鉴赏词典》中查到。这首诗共36句，被闻一多先生誉为"诗中的诗，顶峰的顶峰"，课后大家运用古诗图式读懂这首诗，周五的读书汇报会我们就专门来欣赏这首诗。

在这个案例中，教师的讲解与点拨，师生间的合作与对话，学生的读书、表演与创作，可说是浑然一体，水乳交融。这真是综合运用各种方法的神来之笔。

(三)教学方法改革重在"激发"

教学方法改革所追求的目标主要是激发学生的学习兴趣和热情，促进他们自学能力的提高，启迪他们提出问题的创新思维，锻炼他们分析和解决问题的能力。同时还要注意贯彻因材施教原则，学生禀赋不同，他们对不同学科的兴趣也不尽相同，学习的能量大小有别，学习的速度快慢不一。此外，学生在智力、健康、情绪、经验背景、特殊能力、社会适应等方面，也是千差万别，参差不齐。这些因素都在不同程度上直接或间接地对教学效果产生影响。所以教学中既要善于针对全班学生情况选择适当的教学方法，又要能够区别学生个性给予特殊指导，以充分发挥学生的个体优势与潜力。这就对教师的教学提出了很高的要求。为了实现这样的要求，就要求教师在教学方法上废止"注入式"，实施"启发式"，同时要实行师生互动，课内外结合，教学方法的选择注意个性化和多样化，如"暗示教学法"、"合作学习法"、"掌握学习法"和"发现法"等，都将个体活动作为教学过程的重要环节，注重个性适应和学生的参与。

一般地说，学科内容不同的教材都以逻辑性为主，很少考虑兴趣和引起注意的问题。教师有必要在不影响教学内容的科学性和逻辑性的条件下，考虑如何引人入胜地进行教学，这是使学生做好学习准备所必需的。

引起和维持学生注意和兴趣的教学方法有两种：一种是提出问题，使学生为寻找正确答案而学习、理解和得出结论。一种是引起学生的好奇心，使学生注意、关心和探索，新奇的程度虽然因人而异，但只要提出的问题是新奇的，就会引起学生的好奇心。[1]

运用与原有的信念和见解相冲突的方法。就是通过呈现给学生与他们已有的信念体系相互矛盾的现象，使学生感到"奇怪"，从而维持注意与兴趣。

制定新的认知性标准的方法。当学生某学科的知识还不充分的时候，先给一个类似"法则"的知识，然后举出一个与法则相反的现象，引起不和谐。例如，讲植物生长必须依靠光合作用，但有一类植物不需要光合作用，这种不和谐唤起了学生对植物生长和种类的兴趣。

运用选择冲突的方法。当一个问题出现几种可供选择的答案时，学生困惑不解，在认识上发生了冲突，也会产生好奇心。据心理学研究，新颖的、活动的、直观形象的刺激物，最容易引起儿童大脑皮层有关部位的兴奋，形成优势的兴奋灶。要让学生的注意力长时间地稳定在学习对象上，教师在教学中就要注意让学生的多种感官参加到教学活动中来，并不断变化教学方式，使学生对所学知识产生浓厚的兴趣。教学过程要立足于"活"，就能使学生思维灵活，并能激发他们

---

[1] 傅道春：《教育学——情境与原理》，教育科学出版社，1999 年版。

思维的创造性。

　　课堂教学中教师要根据学生的兴趣编排学习的内容，采用游戏、表演、比赛等有意思的方法唤起学生的学习热情，使学生在一种愉悦的氛围中获得知识。

案例3-12　　"轮轴"教学[1]

　　一位物理教师教"轮轴"时，设计了一个游戏：看谁力气大，手劲好。他故意挑选了高度大小相近的男女同学各一名，请他们上讲台，掰手腕。女同学胆小，不肯和男同学掰手腕，引起部分同学的议论和笑声，都认为不用比赛，肯定女同学输了。比赛下来，果然是女同学输了。然后，教师再拿出一个啤酒瓶，再请这两个男女同学比试一下，男同学握住啤酒瓶的颈口部分，女同学握住啤酒瓶的瓶身部分，各自用力向两个相反的方向旋转，结果女同学赢了。这一下，课堂里炸锅了，引起了同学们的哄堂大笑和议论。这时，老师问学生："为什么力气大的男同学反而比不过力气小的女同学？"通过这个游戏，同学们的兴趣一下子被激发起来，在教师的引导下，一步步地探究有关"轮轴"的知识。

　　(四)提高教师自身素质是教学方法改革的根本

　　好教师的教学方法真是千差万别，各有千秋。他们都能以自己独到的方式方法打动学生，使学生获益匪浅，终身受用。有的教师在课堂教学中：以动人的语言、动人的故事引人入胜，学生听课如痴如迷，如同享受一场戏剧；资料翔实，旁征博引，字字有据，句句有根，体现知识之丰富，运用之严谨；深入浅出，对学生体贴入微，能从身边所见引出科学概念与深奥理论，使人信服；抓住一点，顺藤摸瓜，条分缕析，环环相扣，逻辑严密，论证确切，疑难冰释；语言诙谐、风度洒脱，一举一动，发人思考，频频发问，满座皆动脑筋；娓娓而谈，看似离题万里，漫无边际，学生细细品味，却能沙里淘金，恍然大悟；高屋建瓴，一泻

---

[1]　四川省教育委员会师范处组织编写：《教学技能》，成都科技大学出版社，1999年版。

千里，来龙去脉，一气呵成，使学生对全局和事理一目了然；见地深刻，博采众长，比较分析，鞭辟入里，启发学生开阔视野、深入思考；以天马行空、雄才大略的气概处理具体科学问题，给学生以学习的勇气与信心；以疑惑的语言给学生造成无穷的想象空间和钻研余地；气氛活跃，充满问题与应答，在问答中逐步引导学生掌握课程的精义；上课似在云里雾里，却深信问题深奥重要，课后自学资料、刻苦钻研，终于大彻大悟。

在课堂教学中教师们风格迥异、做法不同，采用的方法可以说是八仙过海，各显神通。从某种意义上说，他们各自所用的并不只是教学"方法"，而是"艺术"。他们所以能取得成功，当然和教师本人的学识、人望、性格和风度有关，但能根据授课对象的基础、课程的性质、听众的规模等，来运用各自特殊的艺术，也很重要。在这里，教师的资历、职称并不重要，无论什么样的教师，即使学历很低，如果课讲得真好，几堂课下来就能赢得学生的尊重，这就是"教无定法"。但是，好教学并非完全没有一定的规则可循。北京大学的朱德熙先生曾介绍他自己讲课的"诀窍"，即"教师要有学问"、"教师要多从学生角度着想"。这两句话点破了课堂教学、甚至一切教学的真谛。教师要教好课，首先要自己有真才实学，透彻掌握所教课程的学术内容，仅仅"懂得"还远远不够；其次，要以学生为本，就是一切从教育好学生出发，要热爱学生，尊重学生，服务于学生，对学生有强烈的爱心和责任心。在教学中学会做"换位思考"，设身处地为学生着想，"方法"问题就迎刃而解。这里并没有"方法"二字，实际上却体现了方法的根本。只要有了这两点，好的、适当的教学方法就自然会产生。

教师要不断提高自身素质，更新教育观念，在教学中树立什么样的教学观、学生观尤为重要。例如，各种教学方法既有启发性质，又有注入性质，是一把"双刃剑"，关键在于教师如何应用。比如讲授法，一味地讲，枯燥地讲，就是注入式，而以适当问题和实例开头，激发学生的学习动机，再配之以形象、风趣的讲解，就是启发式。又如问题解决法，问题在形式上和内容上提得恰到好处，能适合学生的心理，能激发其学习动机，就成为启发式；若问题提得过难或过易，连珠炮式地提一大堆问题，就会压抑学生的学习积极性，使之生厌，就是了注入式。因此，应用教学方法须要自始至终贯彻启发式的指导思想。

案例3-13 教师可以生搬硬套吗？

一位教师教授"倒数的认识"时，让学生找出倒数的意义"乘积是1的两个数互为倒数"一句中的关键词。谁知，概念表述中的每个词语都被学生"相中"。细看，果然字字珠玑。这些词都"身居要职"，也就无所谓哪个是关键词了。对此，我们可以发现教师是"说话"是在沿用传统概念教学观用的"咬文嚼字"的分析套路。教师应该具体问题具体分析，此时教师改问"倒数概念中哪些词语值得你注意"或许更富于个性化。

一位教师教授"长方形的面积"时，一位学生超前说出来长方形面积计算公式后，教师置之不理，仍然不折不扣地按照教案中已经"排练"好的"台词"若无其事地演说着。此时，教师应该随机应变地把预设的发现型"顺叙"教学方式改为生成的验证型"倒叙"教学方式。教师只需追问学生："那长方形面积计算公式是怎么得来的"，把学生认知的"空白地带"变为学生求知的"动感地带"，自然地将学习"还原"到探究性学习过程。

评析：教学内容、教学环节、教学语言的设计都有其基本的套路，但有时候教师并不能顺利地把学生引入教学预设，这就要求教师的语言要灵活，不能"循规蹈矩"、"生拉硬扯"。教师应该具备随机应变的能力，根据学生实际情况，调整教学计划，变换问题方式，顺应学情。

(五)营造快乐轻松的课堂教学氛围

捷克著名教育学家夸美纽斯认为兴趣是创设一个欢乐和光明的教学环境的主

要途径之一，只有让学生在这种科学环境中去探索知识的奥秘，才能对学生的思维起到一个促进作用。

美国教育心理学家古诺特博士曾深情地说："在经历了若干年的教师工作之后，我得到了一个令人惶恐的结论：教育的成功和失败，'我'是决定性因素。身为老师，我具有极大的力量，能够让孩子们活得愉快或悲惨，我可以是制造痛苦的工具，也可以是启发灵感的媒介，我能让人丢脸也能叫人开心，能伤人也能救人。"当过教师的人，都有这样的体会：当我们一脸阳光地走进教室时，学生们的心情就会很舒畅、很轻松；当我们一脸怒气地走近他们时，学生们则噤若寒蝉，生怕自己撞到老师怒气的枪口上。我们在课堂上以热情的语气肯定学生，以赏赏的眼光激励学生，他们的心里会充满幸福与喜悦，表现得很兴奋；我们指责、挖苦、嘲讽学生，则无疑是给他们心灵的天空蒙上一片沉重的乌云。

教师在课堂教学中的任务不是讲的越多越好，而是恰当地创设高质量的情境。情境创设新颖，组织巧妙，学生的主动性就高。课堂气氛沉闷，让学生有一种难以言状的压抑，就会失去学习的兴趣。所以，课堂上教师要对学生多用鼓励性语言进行评价，让学生在发言和回答问题时获得成功的体验，得到满足感，从而提高学生的学习兴趣和自信心。最好不要用刻薄的语言对学生进行评价，这样会让学生失去对学习的兴趣。

什么是良好的课堂气氛？日本广岛大学教授片冈德雄把课堂上积极的气氛称为"支持型气氛"，把消极的气氛称为"防卫型气氛"。他指出，"防卫型气氛"的特征是：恐惧与不信任；控制与服从；策略与操作；班集体成员处于不安状态，担心遭到攻击，倾向于较为安全的常规活动。支持型气氛的特征是：自信与信赖；宽容与主动；自发型与多样化。无需担心集体压力与他人眼光，不拘泥于惯例与常规，有创造性地去思考，有利于发展学生的创造力。

教师要创造一个良好的课堂气氛必须要有下列行为：

(1)接纳感受。接纳学生所表达的感受，包括正面的和负面的，即满意的、快乐的，或是对教师和其他课堂内的事情不满意和不快乐的。

(2)赞赏或鼓励。对学生要使用"答得好"、"对"、"不错"、"这样好"、"试试看"、"说下去"这些使课堂气氛缓和或产生欢乐的语言。

(3)接纳意见。接纳来自学生的意见、建议，把学生的思想整理后再重述出来。

(4)善于发问。向学生发问，有意要学生回答，能贯穿一条启发性的线索，从而引发较多的学生自发行为。

心理学家威塞尔(T.N.Wiesel)曾对教师的言语行为进行了七种范畴的划分，作为课堂气氛的指标，也很有参考价值。①支持学生的言语。其目的在于消除学生的疑虑或称赞学生。②教授或澄清言语。其目的在于向学生表达这种感觉：他们已经理解了以及帮助学生解决他们自己的想法和情感。③解决或提出问题的言语。教师以客观的方式提供有关问题的知识或提出疑问，以促进学习者自己解决问题。④中性言语。包括温和的方式、管理性的评论。逐字逐句地重复已经说过的东西，而没有可以推论的目的。⑤指导或劝告言语。其目的是要求学生遵循教师对行为的劝告。⑥指责或反对的言语。其目的在于阻止学生当前"不可接受"的行为继续放肆。⑦教师自我支持言语。旨在维持或调整教师自己的处境或行为过程。[1]

课堂教学的过程可以说是师生情感交流、思想共鸣的过程。良好的师生关系和理性的教师权威，不仅有助于教师传授知识，而且有助于学生学习。营造良好的课堂教学氛围，教师与学生彼此之间具有较大的相容性，相互产生积极主动的

---

[1] 傅道春：《教育学——情境与原理》，教育科学出版社，1999年版，第305～306页。

促进作用。

案例3-14 著名特级教师薛法根老师的一段课堂前奏[1]

师：同学们认识我吗？我姓薛。仔细看看我，有些什么特点？

生：你人长得很高、很瘦。

师：高好啊！站得高，看得远嘛！

生：你的头很小。

师：头小，智慧多。

生：你的牙齿有点凸出来。

生：眼睛小小的。

生：脖子很长。

师：脖子长好啊！天鹅的脖子多长，那是高雅！(众笑)

生：你有点驼背。

师：这是我向骆驼学习的结果。当然，我只能成为单峰骆驼。(众大笑)

生：你的字写得很漂亮。

师：(与学生握手)谢谢你，只有你夸奖我！要不然，我真的会感到很自卑的。

这样的师生话语交流，便奠定了整堂课宽松、安全、自由的思维状态。

---

[1] 周成平：《新课程名师教学100条建议》，中国科学技术出版社，2005年版，第149页。

第四章 丰富多彩的现代课堂教学方法

近年来，教育学界总结以往经典的教学方法，在充分吸取其优点的基础上，为弥补其不足，提出了很多丰富多彩的现代课堂教学方法。本章选取探究教学法、合作教学法、情景教学法、启发教学法、案例教学法和角色教学法六种有代表性的现代课堂教学方法，通过分别阐述其基本理论及应用方法，辅之具体案例，使每种方法能够更直观、更有效地被读者所接受，从而应用于日常教学之中。

第一节 探究教学法

探究教学自古有之，我国春秋战国时期的墨家曾在教学中用针孔成像实验传授光学知识；古希腊的苏格拉底也以运用"产婆术"促使人对无知的觉醒并进而探求真知著称；近代西方的裴斯泰洛奇更是十分重视通过对自然的观察来展开教学。钟启泉等学者在其编著的《〈基础教育课程改革纲要(试行)〉解读》中认为自18世纪以来，探究学习至少曾被大规模倡导过三次：18世纪末19世纪初受"启蒙运动"的影响，卢梭、裴斯泰洛奇等人大力提倡"研究性学习"，试图通过研究性学习把人的精神从中世纪的蒙昧、迷信、盲从中解放出来；19世纪末20世纪初的美国，杜威、克伯屈等进步主义者及康茨、拉格等人应工业化时代需要和社会民主化需求，再次倡导"研究性学习"，目的是使儿童获得现代化社会需要的改造自然和社会的能力；第三次发生于20世纪50至70年代。

对探究教学的系统研究始于20世纪初，20世纪中期达到高潮。

皮亚杰说，亲自投入是智力发展的关键。采用探究教学法能够激发学生的学习兴趣，更快地提高学生的科学素养。《新课标》也指出，引导中学生提出问题，调查分析，互相探讨，获得结论，在操作中学习基础知识、理论并掌握基本技能，使学生在教师引导下积极主动、快乐地在做中学，在做中思考，这是学生的需求，社会发展的需要，更是教学改革的需要。由此可见，采用探究教学法同样是新一轮课程改革的要求。

一、基本理论

(一)探究教学法概述

1. 何为"探究"

中文"探究"一词最初由英文"Inquiry"翻译而来。按照《牛津现代高级英汉双解辞典》中的定义，"探究"是"求索知识或信息，特别是求真的活动；是搜寻、研究、调查、检验的活动；是提问和质疑的活动"。按照《汉语大词典》的解释，"探究"是指"探索研究"，即努力寻找答案、解决问题。温州师范学院化学教育研究所所长马志成副教授在其主持的河南省转浙江省"十五"教育科学规划课题"实验探究教学法研究与实践"（课题编号：2001-JKGHC-030）中梳理出学界三个有代表性的有关"探究"的定义。而这三个有代表性的定义归根结底不外乎提出问题、设计研究方案、收集数据、构造问题答案、交流探究过程和探究结果这几个步骤。

2.探究教学

探究教学，其"教学过程是在教师的启发诱导下，以学生独立自主学习和合作讨论为前提，以现行教材为基本探究内容，以学生周围世界和生活实际为参照对象，为学生提供充分自由表达、质疑、探究、讨论问题的机会，让学生通过个人、小组、集体等多种解难释疑尝试活动，将自己所学知识应用于解决实际问题的一种教学形式。"[1]它是强调以教材中的问题为中心、以学生的经验为基础(包括直接经验和间接经验)、以学生的自主探究为主的教学活动。

(二)探究教学的理论基础

1.主体教育理论

主体教育理论认为，教学中师生的基本活动包括教师的教、学生的学和师生交往三种。三种活动进而分为教师与学生的认识活动、教师与学生的人际接触和沟通活动两个方面。在教学过程的认识中，教师和学生都是主体，他们面对"学习对象"这一共同客体。就"学"的活动而言学生是学的主体，而就"教"这一活动而言，教师是主体。教学中教师和学生之间的人际关系是"人—人"的平等交往关系，具有直接性、交互性和情感性的特点。

在教学过程中，师与生二者在认识论上是主体与主体之间的关系，其相互作用是一种交往活动、互动关系。教师只有充分发挥"教"的主体性，以学生的特点和学习规律为依据，以学生的特点和学习规律为依据，充分发挥学生"学"的主体性，引导学生确定学习目标与计划，积极主动地学习，自觉调控才能有效促进学生的发展。

2.建构主义学习理论

建构主义学习理论认为，知识既不是客观的东西(经验论)，也不是主观的东西(活力论)，而是个体在与环境交互作用的过程中逐渐建构的结果。学习作为知识的获得过程，是学生在一定的情境下，在教师的帮助下，利用学习资料通过积极的意义构建而获得。

皮亚杰在认知发展理论中指出，儿童认知发展的根本动力存在于其自身，具

---

[1] 李远蓉、朱霞、邓磊编:《物理探究式教学设计与案例分析》，高等教育出版社，2003 年版。

有内在主动性。认知的发展是通过认知结构的改进和转化而实现的，是主体与环境在相互作用过程中能动、积极、活跃地建构而获得发展的。成熟、物理环境、社会环境是影响发展的三个基本因素。成熟为发展提供可能，而个体与物理、社会环境的交互作用是认知发展的来源。

3.认知心理学理论

布鲁纳的认知理论认为，知识的学习就是在头脑中形成一个具有一定层次的知识结构，是人们通过认知过程把活动的信息和以前构成的心理框架联系起来，经过积极的组织构成的。发现过程即认知过程，通过发现过程进行学习，不仅可以使知识真正成为学生自己的知识，更可以帮助学生学会完成真正学习任务的方法，学会学习，从而有效促进认知发展。

探究教学依据主体教育理论、建构主义学习理论以及认知心理学理论，将教学过程设计为模拟的科学探究活动，以问题情境促成学生发现矛盾、产生认知的不平衡并激起认知的内在主动性，再针对问题分析结果、作出假设，进而设计方案、操作检验，最终揭示现象本质的科学探索过程。探究教学可以在教学过程中充分发挥学生"学"的主体性与教师"教"的主体性。在模拟的科学探索活动中，学生在教师引导下主动展开，针对问题情境积极探索的活动，师生间平等交往与合作，师生间、学生间均能形成良好的人际关系。

二、探究教学法的应用

(一)探究教学法的基本程序

探究教学法基本上遵循着"问题→假设→验证→结论"这一程序。由于教学还要特别注重学生掌握科学探究的过程，因此需要加入反思这一过程。

1.确定问题情境

该阶段要求教师要向学生呈现一个有一定难度的问题情境，这个情境应能激起学生强烈的好奇心，产生一种想要一探究竟的冲动。情境的难度一定要适当，要符合学生的最近发展区。此外教师还可应用板书、书面材料、多媒体等形式呈现问题。

2.提出假设

这个步骤是十分关键的。教师要给学生充分的空间假设，不能对学生进行过多的干涉，哪怕学生的假设十分幼稚。只有这样，才能够真正培养学生解决问题的能力。但是，如果学生的注意偏移了问题的本身，教师应给予简单的提醒，但不意味着教师可以干涉学生的思考。

3.验证假设

学生在这一阶段主要是培养自己的智慧技能。教师应给予学生充分的验证条件。在验证的过程中，教师只是一名参与者，而不是领导者或是裁判官。教师对个别内容可以给予提醒，但依然不能干涉学生。

4.得出结论

在经过以上环节后，教师应引导学生回顾之前的活动，促使学生得出结论。如果学生提出疑问，教师应作出解答。当学生对结论感到困惑不定时，教师要给予必要的肯定和鼓励，这对学生取得探究过程的积极情感体验是有益的。

5.进行反思

教学研究的反思包括对探究进行反思以及对探究结论进行反思。对探究进行反思，即反思探究过程中各环节设置是否合理、便捷，有没有违背科学探究的准则。对探究结论的反思，主要是反思这个结论与权威或现行结论有何区别？为什么会有区别？哪一种结论更正确？自己从中得到了什么启发？

(二)运用探究教学法应注意的问题[1]

1. 以学生为中心

传统教学法都是以教师为中心，教师才是课堂的主导者，而学生是被动的学

---

[1] 陈亚飞.探究式教学法在中学生物教学中的应用初探[D].西南师范大学教育硕士学位论文，2004 年.

习者。教师授课的主要内容是教材上的知识，学生在课堂上的任务就是记笔记，考试前背笔记。而在探究教学中，教师是"导演"，学生是"演员"，学生获取知识是积极主动的，获取知识的方式也是多样的。教师仅仅是教学的组织者和指导者。教材所提供的知识是学生探究的线索和对象。因此在运用探究教学法时要在学习过程中充分发挥学生的主动性和积极性，尤其要能体现学生的创造精神；要尽可能地为学生创造学习的机会，让学生有多种机会在不同的情境下去应用他们的知识；要让学生实现自我反馈，不要人云亦云。

2. 探究结果与研究过程相结合

不可否认，探究活动如果没有结果，探究就失去了意义。然而，探究的过程也须值得关注。探究结果是让学生掌握必要的知识，其表现是思维习惯和思维方式都得到改善。而探究过程是科学方法训练的途径，探究要取得理想的效果就一定要将探究结果与探究过程结合起来。

3. 倡导学生合作学习

探究本身就是在摸索中前进。单靠个人的学习远没有小组合作学习来的有效。独立探索无法达到对知识的全面了解，学生只有在教师的组织下一起合作、讨论、交流，共同分析，对各种现成的理论、观点和假设进行分析、协商和辩论，才能全面地把握和习得知识，达到升华和提高的目的。

4.注重学习环境的设计

学习环境是支持和促进学习的场所，教学设计应针对学生的学习环境进行设计而非根据教师的教学环境进行设计。教学意味着更多的控制与支配，学习则不然，学习意味着更多的主动和自由。在进行学习环境的设计时，应强调学生的参与，这是由学生的主体地位决定的。因此教师应全面、周到地设计学习环境。

5.合理发挥教师在教学中的作用

虽然探究教学强调学生在教学过程中的主体地位，但绝不能因此忽视教师的作用。教师是教学过程的组织者、学习环境的设计者,是整个探究过程的"导演",是学生学习的帮助者、促进者、引导者。教师不仅要组织教学活动,制定探究的思路和提出探究问题,还要善于组织合作学习,开展讨论和交流。

(三)探究教学法的完善

1.提升教师的创新能力。教师领悟能力以及分析水平直接影响着探究教学的进度,决定着教师对问题的选择是否到位以及深度把握得是否准确。探究教学要求教师必须具备灵活掌握课堂、把握学生思维脉搏的能力。教师个人创新能力的高低在一定程度上影响着学生的发展。

2.把握研究方向。学生的探究方向、探究方法充分体现着其创新个性的诸多方面。教师应强调每节课探究内容的针对性,杜绝为了研究而探究的现象。这样,通过长期的训练和培养,学生的创新能力才得以提高。

3.丰富教学资源。教师应尽可能创设适合探究的教学环境,如网络、视频、实验等。学生将创新力、创造力附着于有形的事物,并在其中展现,不再是空想。

4.建立培养创新个性的多维度平台。应改变教育选拔的内容和形式。传统的考核方式是一张卷、一支笔、一份标准答案,侧重于死记硬背,试题中缺乏创新因素,导致师生不愿去探究。人的创新个性的形成,不仅受到教学环境的影响,同时还受到教育体制、个人生理、心理、家庭以及社会环境等因素的影响。只有全社会构建一个宽松的、适于个性发展的多维度平台,青少年的创新能力才能得以提高。

案例4-1　植物细胞吸水、失水实验[1]

在上课的前一天,教师统一布置学生在实验室利用课余的简短时间完成分组实验,并提出如下要求:

---

[1] 陈美玲:《生物实验研究与创新实践》,《中学生物教学》,2001 年第 3 期。

1.各小组所用容器的大小、水量的多少和萝卜的大小要统一。

2.对其所用盐的分量有不同的规定。第一组放0.1g，第二组放0.5g，第三组放0.8g，第四组放1.0g。教师建议并鼓励学生同时做5个(包括不放盐的清水条件下的实验)，以便形成对照。

3.测量和观察液位的变化与萝卜的变化。

第二天，教师在课堂上要求各小组将实验结果呈现出来做比较。学生们发现：第一组容器中原有的水溶液变少了，萝卜变硬挺了；第二至四组容器中原有的水溶液变多了，萝卜变软缩了。通过观察和交流，学生们还发现，当盐量增加到一定值后，随着盐量的增加，萝卜的软缩现象变得逐渐明显。而盐量较少时则萝卜反而类似在清水中的变化，变得硬挺。

由于实验要求的变化，学生不能直接从课本上找到答案，只能通过细心的观察和思考才能作答。对不同组实验出现的差异，学生感到十分惊喜和迷惑，这就大大激发了他们的探究欲望，为在课堂上展开热烈的讨论营造了问题情境，也使其能较好地展现自己的思维过程。同时，还使他们深刻地领悟到"课本的实验方法不是探究问题的唯一途径"的实际意义，进而达到"有效突破思维定势和树立创新意识"之目的。

第二节　合作教学法

在西方，合作教学有着相当悠久的历史渊源。早在公元1世纪，古罗马昆体良学派就认为"学生们可以从互教中受益"。17世纪初，小组合作教学的观念从英国传入美国，受到帕克和杜威等美国教育家的推崇并被学界广为应用，20世纪70年代初在美国兴起了现代的合作学习研究热潮。在此基础上，西方的研究者与教师进行了长期的探索，开发了小组成绩分享法、小组-游戏-竞赛法、切块拼接法、小组调查法、合作辩论等多种多样的教学策略，还形成了学术表现双重评价、学习与合作技巧合计评分等评价方法。[1]国内对于合作教学的研究始于20世纪80年代末、90年代初。《国务院关于基础教育改革与发展的决定》关于合作学习专门指出："鼓励合作学习，促进学生之间的相互交流、共同发展，促进教师教学相长。"由此可见国家教育决策部门对合作教学的重视。

合作教学法有助于培养学生的自学能力、实践能力，且在改善课堂内社会心理气氛、大面积提高学生学业成绩方面有显著成效。因此，合作教学法被海内外学者誉为"近十几年来最重要的成功教学改革"。

一、基本理论

(一)合作教学

由于国家之间文化和教育的差异，各国学者对合作教学的内涵有着不同的界定。约翰逊兄弟和美国肯塔基大学教授古斯基相对于班级授课和个别教学提出了合作教学这一教学形式；以色列特拉维夫大学沙伦博士从操作的角度，提出合作教学是组织和促进课堂教学的一种方法的总称；美国约翰斯·霍普金斯大学的斯莱文教授认为合作教学是一种课堂教学技术；美国著名教育学家赖特和以色列著名教育学者梅瓦里克女士将合作教学界定为一种共同学习的教学环境，这种表述主要是针对"教学与生活是相联系的"而提出的。山东省教育科学研究所王坦教授和台湾学者黄政杰博士将合作学习定义为一种教学策略；学者沈建民将其界定为一种教学活动；台湾学者林生傅先生认为，合作学习是一种创新的教学设计，这是针对个体学习与群体学习而言的。还有学者从学习者的角度，指出合作学习是互动互促的学习过程或者一种学习活动；学者杨明全提出，合作学习是学生以小组为单位进行学习的一种学习方式。

---

[1] 孙晓艳．使小学美术合作教学更有实效性的探索与研究[D]．辽宁师范大学，2006年．

由于"合作教学"的研究范围较广，所以也有研究者从主体互动的角度对其进行研究。目前有关合作教学主体的研究主要分为三个领域，分别是生生互动、师师互动和师生互动的研究。（见下表[1]）

表4-1　合作教学不同主体的互动

不同主体的互动	研究兴起的年代	代表人物
生生互动	20世纪70年代	斯莱文、约翰逊兄弟等
师师互动	20世纪80年代初	肯塔基大学古斯基教授
师生互动	20世纪80年代末	前苏联"合作教育学"

由此可见，世界各国对合作教学的理解不尽相同，因而形成了许多流派。但是众多理解有很多共性，主要表现为：合作教学是以小组活动为主进行的；它是一种同伴之间的合作互助活动；是一种目标导向活动；它是以各个小组在达成目标过程中的总体成绩为主要奖励依据的；是由教师分配学习任务和控制教学进程的。

合作教学法主要利用小组成员之间的分工合作，共同利用资源，互相支援，去进行学习；并利用小组本位的评核及组间竞赛，制造团队比赛的社会心理气氛，以增进学习的成效。一方面使学习机会更为平等，一方面使学习动机更为强烈。

(二)合作教学的基本要素

关于合作教学基本要素的研究主要存在三种理论，分别是三因素论、四因素论和五因素论。

三因素论以斯莱文教授为代表，他认为合作教学具有小组奖励、个体责任和成功的机会均等这三个核心因素。三因素论强调小组奖励是合作教学的内在动

---

[1]　王坦：《合作学习——原理与策略》，学苑出版社，2001年版，第32页。

机，并且强调合作教学中每个小组成员都有均等的成功机会，而且他们的努力都能得到认可。

四因素论则是由加拿大著名合作教学研究专家库埃豪所提出。他认为合作教学的基本要素主要有四点，即小组的形成和管理、任务设计、社会因素和探索性谈话。四因素论重视合作教学小组的形成，认为异质小组的效果最好，并强调小组成员对合作的习得，而且注重小组成员间的社会性相互作用。

五因素论普遍被世界所认同。约翰逊兄弟认为这五个因素分别是积极互赖、面对面的促进性互动、个体和小组责任、人际与小组技能和小组自评。后来，古斯基教授对其进行加工，将其表述为积极地相互依赖、个人责任、面对面的积极相互作用、社交技能和小组加工。五因素论着重强调小组成员间的积极互赖与互动，关注成员间关系的形成与发展，侧重评价与反思对合作学习的促进作用，这也是本书所认同并且想要传达给读者的。

1.积极互赖。要求学生知道他们不仅要对自己的学习负责，而且要为其所在小组的其他同伴负责。

2.面对面的积极相互作用。即学生之间进行面对面的交流，组员间相互促进，共同努力。

3.个人责任。每个学生都承担并掌握一定的学习任务，分工明确，责任落实到个人。

4.社交技能。教师应教会学生一些社交技能，从而使组内合作高质量。

5.小组自评。合作教学要求小组定期评价和检讨合作情况和活动功能发挥程度，保持并促进小组活动的高效性。

(三)合作教学的理论基础

合作教学拥有广泛的理论基础。合作教学的理论基础源头，应追溯到道奇在温勒的群体动力理论基础上而提出的合作与竞争理论，后其学生约翰逊兄弟将合作与竞争理论拓展为社会互赖理论。[1]约翰逊兄弟认为，合作教学的理论根源主要来自于社会互赖观、认知发展观和行为学习理论观。[2]斯莱文教授认为合作教学的理论基础可以归纳为动机理论和认知理论两种类型，而认知理论主要包括发展理论和认知精致理论。我国对合作教学的理论基础的研究主要是归纳和总结国外的研究成果。王坦采用一种综合的观点，认为合作教学的理论基础是群体动力理论、选择理论、教学工学理论、动机理论、社会凝聚力理论、发展理论和认知精致理论。[3]盛群力认为合作学习的理论基础还有需要满足论和教学技术论。[4]

(四)合作教学的基本特点

1.实践活动性。合作教学不是传统书本式的教学模式，不被学生死记硬背的学习方式所局限，强调"做中学"，力求在实践活动中促进学生整体发展。

2.亲历参与性。合作教学强调学生的亲身参与，不同于传统教学方法教师的包办代替，强调学生学习活动的过程。

3.教师指导性。由于学生本身知识的有限性，在教学过程中，教师的指导是必不可少的。如教学内容的确定、活动的组织、学生疑难问题的解答等都不可缺少教师的点拨、组织和鼓励。

4.形式开放性。这主要是指合作教学主题的开放性。从课程形态来看，合作教学的主题既可来自学科课程，也可来自活动课程；既可来自分科课程，也可来自综合课程。

5.方法综合性。这主要是指合作教学方法的整合运用。教学过程中，学生所认

---

[1]　郑金洲：《合作学习》，福建教育出版社，2005 年版，第 1～2 页。

[2]　王坦：《试论合作教学的理论基础》，《山东教育科研》，2000 年第 12 期，第 6～10 页。

[3]　王坦：《合作学习的理念与实施》，中国人事出版社，2002 年版，第 50～65 页。

[4]　盛群力、金伟民：《个性优化教育的探索》，人民教育出版社，1996 年版，第 141～146 页。

知的世界和认知的方式方法是多样的、互通的，也是有助于激发学生好奇心的。

由此可见，合作教学克服机械单一的教学方式，积极整合多种方式方法，是提高学生学习效能的重要途径。

二、合作学习的应用

(一)创设合作教学基本要素[1]

实施小组合作教学的前提应满足上文提到的五个基本要素。而合作教学要取得效果，尤其是在提高学生学业成绩方面取得好的效果，就要求教师在每一堂课明确构建这五个基本要素，以免合作教学流于形式。

1.建立组员间积极互赖的关系

合作教学的五个基本要素中，建立组员间积极互赖的关系是首要任务。因为只有当组内成员认识到他们的命运和联系是紧密相关的，小组的成功才是自己的成功，才有可能建立真正的合作关系，从而满足合作教学的第一步。积极的互赖关系包括：

(1)目标相互依赖。一个或若干个有效的共同目标是小组有效形成的标志之一。目标可以是长期目标，也可以是短期目标。

(2)角色相互依赖。为完成某一小组任务，组员分别承担互补的、有内在关联的角色。例如组内可以有资料员、记录员、组长、发言人等角色，这些角色在组内可以轮流担当。

(3)外部对手相互依赖。这种依赖建立于小组成员有需合作战胜的对手。个人的表现累计综合就是小组的成绩，组员的成绩越好，小组就更有竞争力。

(4)资料相互依赖。当小组成员在组内合作分享各自占有的不同资料，使小组完成教师分配的任务，资料相互依赖便建立起来。

---

[1] 刘凌凌：《小学英语小组合作阅读教学的策略研究》，南京师范大学教育硕士专业学位论文，2011：9～12.

(5)奖励相互依赖。小组成绩是组员成绩的综合，因此小组是否受到奖励就要靠每个成员的共同努力。这种奖励可以是内在的感受性奖励，如活动中感受到的乐趣，也可以是外在的物质奖励，如分数或是奖品。

(6)环境相互依赖。小组合作教学，同组学生紧密围坐在一起，保证小组成员彼此之间更容易交流，而且可以确保没有人脱离小组。这种围坐方式还可以产生很多变式。例如：①"圆桌会议型"——"0"型合作学习空间；②"马蹄型组合型"——"U"型合作学习空间；③"模特儿展示型"——"T"型合作学习空间。

2.促进小组成员间的交流

促进小组成员间的交流是为了满足合作教学的第二个基本要素。合作教学需要小组成员真正地在一起工作，通过组内交流、资源共享，互相帮助，互相鼓励，从而促进彼此取得成功。[1]组员间面对面的交流协作、彼此促进，能够使小组成员对彼此以及共同目标具有更高的责任感和使命感。

3.建立小组目标和个人考责的关系

创设第三个要素需要建立起小组目标和个人考责的关系。小组目标就意味着学生表现的认可、奖励发放和学习评价或学生成绩的某一部分都要建立在全组学生集体表现的基础之上。个人考责就意味着小组的成功依赖于小组每个成员的个人学习。[2]小组必须明确自己的共同目标，监督每个成员的努力程度，评估每个成员的表现，然后将评估结果反馈给每个成员，以刺激每个成员更好地表现自己，从而得到提高。

4.培养小组成员人际交往能力和传授团队工作技巧

培养小组成员人际交往能力和传授团队工作技巧目的是为了培养学生的社

[1] 大卫.W.约翰逊、罗杰.T.约翰逊、爱迪斯.约翰逊.贺路伯：《合作性学习ABC》，上海科学普及出版社，2006年版，第11页。

[2] 乔伊斯.P.高尔、M.D.高尔、沃尔特.R.博格：《教育研究方法实用指南》，北京大学出版社，2007年版，第105页。

交技能。要完成一项合作学习任务，小组成员必须知道如何进行有效的管理和交流，如决策的制定、任务的分割和组内成员冲突的管理。该基本要素对小组合作的长期发展、持续获得成功体验有着至关重要的影响。这项能力要求教师系统地、准确地传授给学生。

5.正确的小组处理过程

当小组成员讨论评价他们实现目标和维持工作关系的有效性时，小组的处理过程就开始了。小组有必要判断成员的哪些行为是有益的，而哪些行为是徒劳无功的，并及时决定应该保留或应该改善的行为。[1]小组成员只有通过每次合作任务完成后的小组自评，小组的学习效果才能得到持续的提高。

(二)几种经典的小组合作教学组织形式

合作教学的基本形式是小组活动，小组的规模影响着合作教学的效果。小组规模过小，提供信息有限，不利于学生间的互助和交流；小组规模过大，成员的参与度又会受到限制。通常小组以4-6人为宜。下面本书向读者介绍以下几种经典的小组合作教学组织形式：

1.分工协作合作形式。教师给小组内的每个成员一个头衔，组员专司其职，以免学生为任务的分配争得面红耳赤或是不知道自己该干什么。分工协作避免了责任不明的情况产生。每个成员职责明确，组员间责任既独立又相互联系，共同配合完成小组任务。

2."接龙式"小组合作形式。"接龙式"合作即指教师将学习任务下达给小组，小组成员接力完成，最后由一名发言人代表小组进行汇报，教师根据小组的展示结果颁发奖励。

3."拼图式"小组合作形式。这种形式是指教师将学习任务分解之后再分配

---

[1] 大卫.W.约翰逊、罗杰.T.约翰逊、爱迪斯.约翰逊.贺路伯：《合作性学习ABC》，上海科学普及出版社，2006年版，第11页。

给各小组成员，各成员独立思考完成后，进行任务汇总，形成一个完整的任务结果并进行汇报。教师根据完成的效果和质量颁发奖励。

4.学生小组成绩分担法。实际教学中，小组内各成员的能力水平、学习成绩、家庭背景都有所不同。将这些学生被混编在一个小组中，组内成员互助合作，可以使每个成员都得到提高。衡量的标准为各成员阶段测验分数所换算的点数。学生们的测验分数与他们以往的平均分数作比较，基于他们达到或超过以往的成绩的程度，被给予一定的点数。这些点数的综合即为小组的分数，达到一定的标准即可获得老师的认可。

5.自由分组和固定分组相结合。"同质分组"和"异质分组"各存利弊。"同质分组"可能无法调动学困生的积极性，"异质分组"在某种程度上也会挫败绩优生的积极性。因此，我们可以将两种分组方式穿插进行。教师可以将任务分成难度不同的几个部分，组员根据自己的能力选择所需完成的任务并和选择同任务的学生组合成新的小组，最后完成任务成果汇报。

(三)合作教学容易存在的问题

合作教学法应用至今反映出了很多问题，如过于注重形式、忽略实质、缺乏成效等。归纳起来，主要表现在以下几个方面：

1.小组合作流于形式。这主要与教师的组织不到位有关。学习任务分工不明确，有的学生忙于完成学习任务，而有的学生无所事事，持事不关己、无所谓的态度。小组成员交流较少，无法发挥每个组员的能力和作用。

2.学生疏于自我管理。儿童自控能力较差，因此在小组活动过程中易起不必要的争端和讨论与学习无关的问题等情况。小组活动自由散漫，扰乱教学秩序，难以达成教师的预期效果。

3.互帮互助不尽完善。学生经常会将互帮互助单纯地理解为帮助他人做，一方面加重了自己的负担，另一方面无形中也剥夺了他人锻炼和学习的机会，致使学生间差距越来越大，达不到共同进步的目的。

4.课堂管理缺乏成效。读者们是否有这样的体验：作为教师，我们可以很容易地将任务下达至各个小组，但当我们决定结束小组讨论、结束小组活动的时候，会出现一些小组还没有完成任务的情况，有些学生甚至沉迷于活动的乐趣之中而对教师的授课不予理会，这样教学效果必然有所降低。

(四)如何使合作教学更有效

1.设计适当的合作内容

有关合作内容的选择主要有两个依据：教学内容和学生的年龄特点。

不是所有学科、所有教学内容都适宜用合作教学法的，所以教师要选择一些感兴趣的、有利于学生进行合作的教学内容。首先教师要了解课程标准和教材的特点，明确哪个部分的内容适宜合作教学，而哪些内容不适合。此外教师需根据教材内容，课前设想好教学需要哪些工具和材料？该内容是否是学生感兴趣的？学生在合作过程中可能会遇到什么困难？作为教师该如何帮助学生解决这些困难？

此外，教师应根据学生的年龄特点来选择适当的教学方式。例如，低年级学生强调感受、体验和游戏趣味性，而高年级学生则强调活动中独立自主性的发挥。

2.组建科学的合作学习小组

小组的创建是合作教学非常重要的环节，教师在构建合作小组时应注意结构的合理性。首先，小组人数不宜过多，规模控制在4-6人为宜，且教师要明确组内成员的职责；其次，分组应遵循"组间同质，组内异质，优势互补"的原则，学生相互促进，而且为小组间的公平竞争打下基础；最后，小组成员应是动态的。可以是组间男女生的互换或流动，也可以是组间某些角色的轮换，这可以使学生有新鲜感，提高合作教学的趣味性，同时可以提供给每个学生平等的锻炼机会，培养学生思考和自主解决问题的能力。

3.传授学生合作学习的方法

合作教学重视学生的独立性、个体性的发展，要使学生更娴熟更有效地学习，就必须教给学生适合的学习方法。首先要教学生学会自主，因为任何的合作教学都是以学生的自主学习为基础。没有学生个人的努力，组内的学习就不可能有效，合作学习也就流于形式。其次要教会学生如何分工。组员应懂得根据各自认知的实际情况、操作能力和所占有的操作材料进行合理的组内分工。第三，教师要教导学生学会互帮互助。互帮互助不是能力强的学生包办所有的小组活动，而是组内资料的共享，遇到困难时其他组员给予的提点。合作学习要求学生人人参与其中，人人得到进步。学生为了完成共同的任务，为了小组的荣誉，齐心协力取得好的成绩。第四是教导学生学会表达，乐于表达。教师要努力创造条件，给那些平时不善言谈的学生更多锻炼自己的机会。教师还要教导学生学会讨论，因为讨论是合作解决问题的关键。讨论的首要问题是要有明确的目标，因此教师要明确地告诉学生讨论的议题、范围和方向；讨论还要有方法，好的方法是小组合作学习优劣成败的关键。最后应教导学生学会倾听。倾听是合作教学的重要环节，倾听也是一种学习。合作开始之初，组员间最大的问题是不能容纳别人的意见，因此教师应着力培养学生善于听取别人的意见。教师要逐步培养学生在课堂上学会三听：一是认真听每个同学的发言，不插嘴；二要听出别人的发言要点，培养学生收集信息的能力；三是听后需作思考，提出自己的见解，提高学生处理信息、反思评价的能力。[1]

4.完善小组合作中的收放管理

针对学生沉浸于小组活动难以自拔的情况，教师在小组活动前应向学生强调

---

[1] 孙晓艳 . 使小学美术合作教学更有时效性的探索与研究 [D]. 辽宁师范大学教育硕士研究生学位论文，2006 年 6 月 .

时间和信号观念。比如明确告诉学生以教师连敲三次杯子来做结束的信号。同时要向学生强调活动规则和纪律，使小组活动放得开，收得拢。

5.采用多样化的评价和奖励方法

评价是检验合作教学成效高低的关键。评价根据评价主体的不同可以分为教师的评价和学生之间的自评与互评。学生参与评价可以避免教师主观带来的偏差，而且有助于学生的独立、自主以及自信心的提升。奖励可以是教师的口头评语，也可以是加盖小印章或是举办成果展等方式。评价和奖励的目的不仅是为了鉴别学生的参与行为和效果，促进学生之间的相互学习，引导学生不断进行探究学习，而且可以使被评价者得到鼓励与精神支持，使学生发挥更大的创造潜能和合作的积极性。

(五)合作教学参考步骤

美国明尼苏达大学"合作学习中心"的大卫·约翰逊和他的同事设计了一些合作教学方法，世人将这些方法称为"约翰逊法"。此法总共包含五大环节十八个步骤[1]，具体如下：

1.共学目标的具体化

这个环节的工作是明确两个具体目标：学术目标和合作技能目标。也就是说，教师要在课前明确本节课的教学目标。

2.教学前的决策

(1)确定小组规模：小组规模以4-6人为宜。

(2)将学生分组：将学生按学习成绩高、中、低分成若干个异质小组，小组可以保持一学期不变。

(3)安排位置：如上文所介绍，可以将位置安排成圆型、方型、"T"型等。

---

[1] 刘艳琼：《小组合作学习在班级教学中的运用》，《江西教育》，2002年第32期。

(4)设计教学材料以提高学生的互赖性：将学习材料分配到各学习小组。合作初期可以每组仅分发一份材料以达到材料互赖。待学生习惯合作学习之后，可以每名学生发一份材料。

(5)分配角色，确保互赖：通过在组内分配互补和有内在关联的角色实现积极的互赖。组内每个学生都得到一个角色。这些角色包括组长、发言人、记录员等。

3.构建任务和积极互赖

(1)解释学术任务：目的是使学生清楚了解指定的作业，这其中包括本课的教学目标以及学生需要完成的内容和任务。

(2)建立积极的目标互赖：教师帮助学生明确小组目标，学生承担各自的任务，活动结束后每个小组提供一份综合性的报告并在课堂上汇报。教师给予获胜小组奖励，让学生充分感受到自己与小组荣辱与共。

(3)建立个人责任：这一步骤是为了避免有些学生逃避责任，具体方法是对班级一贯表现较差的学生进行随机检测，从而保证每个学生都参与到小组活动中。

(4)建立组间合作：组间合作可以将各小组的积极成果推广到整个班级。教师可以鼓励提前完成的小组去帮助落后的小组完成任务。也可以采取优胜组汇报成果的方式来进行组间合作。

(5)确定成功的标准：合作教学须有明确的评定标准作为参考。教师可以将学生的本周成绩与上周进行比较，如果有所提高，即可认定为成功。

(6)将预期要达到的行为具体化：教师从操作意义上使用合作，将之具体化为适合于小组且可以习得的行为。学生被期望的行为包括：

a.让每个成员解释如何得出这个结论的；

b.让每个同学将现在学的与以前学的内容联系起来；

c.检查并确保小组中每个成员已经掌握所学材料并同意小组的答案；

d.鼓励每个人都参与活动；

e.认真听取其他小组成员的发言；

f.不要随意改变主意，除非从逻辑上被说服了；

g.批评不正确的观念，而不批评人。

4.监控与介入

(1)监控学生行为：以下一些具体问题有助于帮助教师观察小组学员情况：

a.学生真的理解了学习任务吗？

b.学生是否接受了积极互赖和个人责任？成功的标准定得是否适宜？

c.学生是否朝着标准努力？

d.学生是否表现了具体化的行为？

检测可以在课堂的进程中随机进行，也可以在每堂课快下课前进行一个小测验以检测课上的学习效果。

(2)提供帮助：教师在监控过程中用较为具体的语言对学生提供帮助，以促使学生将术语与所学内容联系起来，从而促进正迁移。

(3)介入并传授合作技能：有些学生缺乏合作技巧，教师可以介入小组活动，提供有效的方法。但注意不应频繁介入，以免妨碍学生自主解决问题。

(4)结束课程：教师应引导学生对课堂教学的要点进行总结并且解答学生的疑问。

5.评价学习与小组自评、互评

评价的方式有很多：

(1)教师可以通过课堂小测验对学生的掌握情况和活动表现进行评价。

(2)教师可以帮助组长引导小组内部进行成员自评和互评。

(3)教师可以组织全班进行学术讨论。

组织学生进行学术争论，有利于培养学生的创造性思维和逻辑性思维，对学生的发展具有重要的意义。为使学生进一步提高参加学习并取得良好学业成绩的动机，教师在合作小组中按照以下五个步骤来组织争论：

a.将学生分成四人小组，按对立分成两对，让其中一对学生站在问题的拥护立场上，让另一对学生站在问题的反对立场上。每对学生都站在各自的立场上进行准备。

b.每对学生向对方提出自己的观点。

c.学生们站在各自的立场进行辩论。

d.两对学生交换立场进行辩论。

e.四个人小组得出一个结论，达成一种符合逻辑和事实、能够被每个小组成员都接受的观点。

案例4-2 美术课上的合作学习

——《会说话的手》课堂教学案例

科学技术迅猛发展，社会分工高度细化，人类处于一个充满竞争的社会。现代的学校，也积极地把竞争的机制引入到教育教学的方方面面，竞争成了学校激励学生的一种动力。但竞争带来的负面效应也不容忽视：许多学生在思想上片面地认为竞争的目的就是突出自我，实现自我，设计自我，他们充满自信，但不注重合作交流，人际关系淡漠，嫉妒心和虚荣心也滋长起来；激烈的竞争，让学生的心理承受力变得不堪一击，不少学生背上沉重的心理负担，导致严重的心理障碍。然而，知识经济的时代不仅仅是竞争的时代，也是交流合作的时代。当代的学生是21世纪的建设者，只有从小具有合作精神和开放意识，将来才能参与全球性的竞争和合作。

小学美术课程是义务教育阶段全体学生学习艺术的基础课程。那么，在新课程美术学科中，如何营造和谐的人文环境，培养学生的合作精神呢?以一年级《会说话的手》为例，说说我在教学中的尝试。

课前设想：

《会说话的手》一课，我选择让学生以小组合作的形式在手上作画。为什么不是常规的个人在纸上画呢，我有两点思考：

1.从平面——→立体

因为在手上画有立体感，皮肤的纹路与动物的皮肤接近，更逼真。

2.欣赏——→体验——→展示

为了降低在手上画的难度，我选择了让学生合作学习、互动交流的形式。因为合作学习的组织形式是宽松的，在课堂中每个学生都能找到自己最佳位置，并能享受这种由共同合作学习所带来的快乐和喜悦，这是学生单独作业所不能体验的。教学设计研究中，我作了多次探索与比较，最后将这节课定位在"在游戏中激趣、在互动中学习、在实践中创新"这十八个字上。想让学生通过欣赏——→体验——→展示等环节，来刺激视觉、皮肤等感官，享受美带来的愉悦。

课堂实录：

1.谜语、手影游戏

通过谜语及一个个有趣、可爱的手影(用一只手做的孔雀、手枪，用两只手做的海鸥、狗、长颈鹿等)，学生的兴趣立刻被激发，迫不及待地用单手或双手做着各种手形互相交流。各种变化多端、形象可爱的手形在他们灵活的双手上展现，学生玩得开心极了。手具有很多功能，是人会说话的第二张脸。

2.多媒体欣赏各种形象的手形装饰图片，例如：天鹅、斑马、地球、手指娃娃、豹……

手的造型很丰富，如果在手上加上色彩又有什么效果呢？手除了可以摆手形，还可以在手上涂上颜色画出这么可爱的形象，学生感到新奇极了，跃跃欲试。

3.师生合作

我请一个学生帮忙，在我事先涂好灰颜色的手上添加色彩，变成大象，然后我又示范画了卡通公鸡。通过图片欣赏以及老师和学生的共同示范，学生知道了除了可以用颜料画手外，还可以用其他材料来装饰，并且知道今天的作业可以由学生互相合作完成。

4.生生合作

当老师宣布开始自由组合完成作业时，教室里形成了一个轻松快乐、自由热闹、亲切和谐的氛围。同学们自由组合，有的三人一组，有的二人一组；有的在自己手上画；有的学生把自己的两只手分给两个同学来画……

学生们的小手在同伴们精妙细作下，展现出一个个妙趣横生的形象，或是可爱的小兔，或是可爱的孔雀，或是美丽的神仙鱼……教室里还不时传出一阵阵哈哈的大笑声。创作时大家献计献策，愉快地合作着，有的小组争着让我也来帮忙……大家快乐地玩着、笑着、创作着，在自主实践中体验着学习的乐趣。成功、失败并不重要，重要的是活动不仅开阔了同学们的思维，而且让学生明白了不但要自己行，还要会帮助别人，相互支持，共同合作。我们期待着同学们用自己的眼睛去发现美、创造美、享受美。

课后反思：

通过这一课的教学，我更深刻体会到解放学生身心的重要性以及分组合作练习带来的益处：学生学会了遵守准则、相互协作，从而促进了人格的健全发展，也从真正意义上体现了生生互动、师生互动的教学氛围。

1.教师协助引导

合作学习能开启学生的新思路，带给人意想不到的效果，同时也增加了学生的合作意识。但每个参与者都面临如何与他人协作、共同完成任务等问题。因此教师从旁协助、引导，尤为重要。

2.学生协作配合

合作学习组织形式是宽松的，能力强的学生能充分发挥自己的特长，如对色彩敏感的学生，其创造与想象会出乎意料之外；能力一般的学生受能力强的感染，能大胆地表现自己；而能力弱的学生在众多同伴创作时，甘当绿叶(伸手让同学画)，减少了心理负担，有利于提高他们的自信心。由此形成了一个良性循环，每个学生都找到了自己的最佳位置，并享受了这种由共同合作学习所带来的快乐和喜悦，这是学生单独作业所不能体验到的；而且也使学生增强了规则意识，对他们今后走向社会具有重要意义。

3.师生改变理念

教师要改变自身教育的理念，创建多维互动的有利于学生自主学习的教学组织形式，让学生围绕目标自主选择内容、材料和方法，让学生在知识探索的过程中发现规律，在宽松的氛围中感受美。学生是学习的主人，教师只是从旁协助、引导的角色。

教师还要改变学生学习的观念，让学生学会用自己喜欢的方式解读这个世界，学会用自己擅长的方式表达对世界的感悟。因为只有这样，课堂才有可能充满生机和活力，学生的情感、思维、表达、交际等能力才会得到发展。

第三节　情境教学法

情境教学作为一种教学法，于20世纪20年代产生于英国，它是以培养口语能力为基础、充分利用情境来进行目的语的基本结构训练的教学法。此后，随着科技的进步与发展，20世纪50年代法国古布里纳和古根汉等地出现了视听法，这一方法要求广泛利用幻灯、电影等设备创设各种各样的语言情境，组织听说演练。视听法强调语言情境的价值，这样大大地丰富了情境教学方法。1966年，心理学家乔治·洛扎诺夫首创的"暗示教学法"，使情境教学的发展上了一个新台阶。[1]

一、基本理论

(一)基本概念

1.情境

不同的领域里对"情境"一词的理解也有所不同。

从词源角度看，《现代汉语词典》中"情境"一词的解释是：情景与情境含义相同，它指(具体场合的)景象、情形、境地。[2]同时在《辞海》里"情境"的定义是"一个人在进行某种行动时所处的社会环境，是人们社会行为产生的具体条件。"[3]从教育学的视角来看，《教育大辞典》中"情境"有这样的定义："情境是象征互动论分析人际互动过程时使用的概念。""情境"的含义主要有三层，第一，整个社会情境由三部分构成：个人、群体和客观环境的先存态度、个人对所处的社会情境的解释与感知；第二，外界对个人的影响，不仅受环境影响，而且受到个人主观看法的影响；第三，个人认识事物产生的客观效果。个人对社会情境的解释不同，其行动方向和具体行为就有所不同，这些又影响其人格发展。[4]我国情境教育倡导者李吉林老师使用"情境"概念来进行情境教学，它有着丰富的内涵，李老师指出，情境是指"情"和"境"和谐统一的产物，是主客观融和状态下的有情之境，与一般意义上的情境有所不同。情境教育中的"情境"，首先是指教育和教学过程中所创造的"有情之境"，但值得注意的是："情境教育之

[1]　夏旺.情境教学法在小学英语教学中的运用研究[D].湖南师范大学硕士学位论文，2010年10月.

[2]　中国社会科学院语言研究所词典编辑室：《现代汉语辞典》，商务印书馆，1978年版，第925页。

[3]　夏征农主编：《辞海》，上海辞书出版社，2000年版，第1193页。

[4]　顾明远：《教育大辞典》，上海教育出版社，1999年版，第406页。

'情境'是一个充满情趣的网络式的广阔空间，他联系着教师和学生。它是将教育、教学活动内容融入在在一个色彩斑斓的大背景中，这种人为优化的情境能促使主体进行能动活动并且实现环境优化的统一，激发儿童潜能的培养与塑造的统一结合，最终能够使素质的全面提高与个性充分发展相统一。"[1]

2.情境教学

基于情境的"情境教学"指创设含有真实事件或真实问题的情境，学生在探究事件或解决问题的过程中自主地理解知识、建构意义。李吉林老师认为："情境教学就是从'情'与'境'、'情'与'辞'、'情'与'理'、'情'与'全面发展'的辩证关系出发，创设典型的场景，激起儿童热烈的情绪，把情感活动和认知活动结合起来所创建的一种教学模式。"情境教学主要有下列几个特征：(1)丰富的、有意义的情境供应；(2)基于问题的、建构性的学习；(3)以学习者为中心的学习环境；(4)合作与反思；(5)教师的"支架"作用。

3.情境教学法

所谓"情境教学法"指在教学过程中，教师有目的地引入或创设具有一定情绪色彩的、以形象为主体的生动具体的场景，以引起学生一定的情感体验，从而帮助学生更好地理解教材，是学生的心理机能得到发展的一种教学方法。它的核心在于激发学生的兴趣和情感。

(二)发展历程

1.国外发展历程

情境教学法在教学实践中运用许久，最早可以追溯到古希腊罗马时期。大哲学家苏格拉底的"产婆术"就是通过师生谈话来创设问题情境，诱使学生思考来解决问题，这便是情境教学法孕育发展的萌芽。夸美纽斯《大教学论》的发表被

[1] 李吉林：《小学语文情境教学》，江苏教育出版社，1996年版，第73页。

认为是现代教学论诞生的标志。而在这本书中就有情境教学的构想。他曾在书中写明："一切知识都是从感官开始的。"在法国，西方启蒙时期著名的教育家、思想家卢梭的名著《爱弥儿》中已经存在情境教学法的影子。在书中他讲述了这样一件事：老师为了教爱弥儿辨别方向，就把他带到了森林里。爱弥儿在森林中迷失了方向，又累又饿，又找不到回家的路。老师在这时通过中午树影朝北的常识引导爱弥儿辨别方向，最后终于找到了回家的路。这就是有目的地利用大自然的情境引导学生进行思考和学习，最终达到教育的目的。19世纪，美国教育家杜威最早提出了"情境"这一概念，他说："我们主张必须有一个实际的经验情境，作为思维的开始阶段。"[1]自此杜威提出创设教学的关键所在是引起思维的经验的情境。在现代教学思想中，情境教学的模式得到了较系统的反映与应用，如苏霍姆林斯基的教学思想中，十分看重自然情境的教育作用。他经常让孩子们置身于大自然中，让学生感受大自然的美，同时又希望用这种美来促动孩子去想象，进而提高他们的审美能力。

2.国内发展历程

在我国，教育家孔子重视启发教学。他所说的"不愤不启，不悱不发，举一隅不以三隅反，则不复也"就是对情境教学的阐述。孟子也非常重视"尝试"，他主张：不要由"教"——"学"，而是要由"学"——"教"。他强调注重学习者的自身感受，要自求，自学，达到自得的状态。这既是提倡尝试教学，也是提倡情境教学。

到了近代，教育家蔡元培在充分研究美育的基础上，对旧的教育模式提出了批评，同时提出注入式教学方法，倡导教学要引起学习者的学习兴趣，把学习者放在中心的位置，教者处于引导的地位。他认为个人实体由内在的精神层面认识客观世界，主要依靠感知者的直觉美感。因此他的教学模式可以归纳为：自

---

[1] 陈堂君、赵天珍：《教法研究与示例》，长江文艺出版社，2000年版，第172页。

觉——引导——内化——直觉——感知美。所以蔡元培的教育思想从某个角度来说，也是情境教学的体现。"生活教育"的倡导者陶行知，他强调教育随着生活的变化而变化，在生活中接受教育。从教学的具体环境出发，制定相应的教学方法。学校教学不要与外界隔绝，而是要与自然、社会相融合。他的"教学做"合一的思想就是情境教学的体现。[1]

在当代有不少学者、专家、教师都对情境教学做过理论探究和教学实践，其中江苏省南通市师范第二附属小学语文特级教师李吉林探讨语文情境教学取得了令人瞩目的成果。她的《情境教学与研究》是我国进行情境教学理论研究的第一本重要著作，开创了我国情境教学的新局面。李吉林老师创立的"以境促情，以情带学"的教学模式，在预设的氛围中学习祖国语言文字，领悟传统文化的魅力，极大提升了学习者的学习积极性。她把情境教学分为四个阶段，即创设情境——带入情境——运用情境——凭借情境，并提出了五要素原则，即以培养兴趣为前提，以指导观察为基础，以发展思维为重点，以情感因素为动因，以训练语言为手段。李老师总结出了儿童认知与情感间的关系，即"物"激"情"、"情"发"辞"、"辞"促"思"、"思"加深对"物"的认识。李老师的教育理念对初等教育有很重要的意义。李老师在诗歌教学时是这样进行的：利用经验，带入诗境；适当铺垫，弄清诗意；凭借诗境，咀嚼诗句；反复吟诵，体验诗情。这一教学模式的施行填补了我国基础教育在情境教学方面的不足。

(三)理论基础

1.建构主义理论

建构主义学习理论认为，知识不是通过教师传授得到的，而是学习者在一定的情境即社会文化背景下，借助其他人的帮助，包括师生之间、生生之间的协作、交流，利用必要的学习资料，通过意义建构的方式而获得。课堂教学不仅要

[1] 徐大贺．农村初中古诗词情境教学探究 [D]．东北师范大学硕士学位论文，2010 年 3 月．

考虑教学目标分析，还要考虑有利于学生建构意义的情境的创设问题，并把情境创设看作是课堂教学中的最重要内容之一。[1]

建构主义提倡情境学习模式，强调开展基于丰富资源的情境学习，并提出创设情境是教学设计的核心内容之一。提倡情境学习的学者们认为，知识富有情境性，它是活动、背景和文化产品的组成部分之一。知识正是在文化活动和丰富的情境中被不断地运用和发展起来的。因此，他们主张学习应该从解决实际生活中存在的问题出发，在具体的情境中展开，而且这些情境应接近现实情境，借用丰富的学习资源，把学习的知识与真实任务情境联结在一起，让学习者通过通力协作解决问题。

2.情境认知学习理论

情境认知理论认为："知识存在于个体和群体的运动之中，随着个体参与到新的情境并在情境中进行协商，知识产生了。情境教学就是在真实的情境中、在实践共同体中、在行动中、在合作中、在互动中、在反思中协商和建构知识的意义。"这也就是说，学习的知识、思考和情境三者之间是密不可分的，知与行是相互作用的——知识是处在情境中并在学习者的学习过程中得到完善与发展的。

3.情感和认知活动相互作用的原理

情绪心理学研究表明："个体的情感对认知活动至少有动力、强化、调节三方面的功能。动力功能是指情感对认知活动的增力或减力的效能，即健康的、积极的情感对认知活动起积极的发动和促进作用，消极的不健康的情绪对认知活动起阻碍和抑制作用。"[2]情境教学法就是要在教学过程中引起学生积极的、健康的情感体验，直接提高学生对学习的积极性，使学习活动成为学生主动进行的、快乐的事情。

---

[1] 罗仕勤：《浅析情境教学法》，《才智》，2009 年第 24 期。

[2] 王苏、王圣安编：《认知心理学》，北京大学出版社，2003 年版。

(四)主要特点

情境教学具有四大特点，即"形真"、"情深"、"意远"和"理寓其中"。以上四个基本特征，相互联系，相互影响，体现了情境教学的本质，发挥着独特的育人功能。"形真"，这是情境教学最显著的特点，表现为学生在活动中调动多种感官协调活动，动手、动脑，教、学、做合一，在动中学，学中做。学生的知识视野得到了拓宽，特长和能力得到培养和发展。"情深"是指学生的形象思维占优势，整个情境教学过程中，非常强调学生的主动参与意识，强化感受性。"意远"和"理寓其中"是指情境教学变封闭教育为开放教育，让学生深入到广阔的社会生活领域，以鲜活的情境激发学生情感，渗透教育性等。[1]

二、情境教学法的应用

(一)问题情境的分类

教学中的问题情境大致可以分为问题的障碍情境、问题的发现情境以及问题的解决情境三类[2]。问题的障碍情境就是在学生原有知识储备和知识经验的基础上，有意识地让学生陷入新的困境，以形成新的认知冲突，从而唤起学生对新知识的渴望和探求的一种问题情境。问题的发现情境就是通过呈现一定的背景材料，引出新的学科问题，通过引导学生发现问题的特征或内在规律，产生新的学科概念的一种问题情境。问题的解决情境就是直接呈现出某个新的学科问题，围绕如何解决这一问题去组织学生展开学习、探求知识、寻找解决问题办法的一种问题情境。

(二)问题情境的创设原则

1.最近发展区原则

前苏联教育学家维果茨基提出了"最近发展区"这一概念。所谓"最近发展

---

[1] 韩丽华.初中历史情境教学法研究[D].东北师范大学硕士学位论文，2008年5月.

[2] 臧丽芹.地理教学中创设问题情境的研究[D].南京师范大学教育硕士专业学位论文，2008年5月.

区"，就是儿童在有成人指导的情况下借成人的帮助所达到的解决问题的水平与独立活动中所达到解决问题水平之间的差异。创设问题情境时，问题难度必须是学生在教师指导下可以完成的水平。学生通过认真思考，不断提高自己的学习能力和发现新知能力，最终能够达到学习目标，这就是最近发展区原则。

2.一贯性原则

课堂教学是一个整体，因此问题情境的创设应穿插于教学中的各个环节。有的教师对情境教学的应用存在这样一个误区，即该方法只需运用在新课导入部分即可。然而，事实上课堂的各个环节，比如讲解、练习以及知识点的巩固等都需要适当应用情境教学，这就是一贯性原则。

3.针对性原则

问题情境的创设必须遵循针对性原则。所谓针对，一是教师要针对学生的认知水平以及其生活环境。情境教学不是生搬硬套，适合外地的不一定适合本地，适合其他学校的也不一定适合自己所在的学校。所以教师应有针对性、有选择性地挑选教学内容。其次，对于所要教授的教学内容，教师在创设问题情境时应注意针对教学目标，紧扣主题，避免形式主义，切不可牵强附会，为了情境而情境。

4.主体性原则

新课程认为教师应成为学生学习的促进者、引导者和合作者，并且强调师生之间合作与平等的关系，这是创造和谐、融洽的教学氛围以及促进学生主动思考、主动质疑的前提和保证，因此教师不应扮演权威和主宰者的角色。问题情境教学要求我们必须把学生当作实践和知识的主体来对待，充分肯定学生的主体地位，尊重和强化学生的主体性。

5.情感驱动原则

为什么同一个问题情境，不同教师运用后的效果却有明显的差别。分析原因，除了与老师自身的业务素质有关以外，还与老师上课时的情感调动和投入有极大的关系。没有情感的教育无异于没有对象的教育。没有情感的问题情境是一种僵死的问题情境，必然达不到预期的教育目的和教学目的。教师必要的情绪渲染往往能够营造出良好的课堂教学气氛，使学生处于一种亢奋的状态，产生学习和解决问题的激情，甚至思维中出现一些奇思妙想，而这正是培养学生创新能力所必需的。

(三)影响因素

1.教师特征对情境教学的影响

(1)教师的领导方式影响情境教学法的使用和效果

勒温及其同事曾经对教师的领导方式进行了广泛的研究，研究所得的结果显示，从促进学生的发展角度来看，教师只有且只能选择民主的方式。民主型的教师一般都能提高学生的学习能力，增强学生的自尊心和自信心，缓和学生的不安和焦虑感。民主型的教师能够容纳学生不同的见解、不同的思想与情感以及不同的价值观，并能同这些学生和睦相处，合作无间。民主型的教师尊重学生且重视集体的作用，善于用民主的方式与学生讨论问题、传授知识，使课堂教学在友好和睦的气氛下顺利进行。

(2)教师的人格影响着情境教学法的使用和效果

正如著名教育家苏霍姆林斯基所说："教育是人和人的心灵上最微妙的相互接触。"在师生的接触过程中，教师自身的人格对学生的心灵成长和人格发展具有深刻的影响。身正为范，行为师表。教师是学生最直观、最生动、最重要的榜样，教师的一言一行、一举一动无不成为学生最直观的模仿对象。具有高尚人格的教师，其本身具有的巨大榜样力量如一部生动、丰富、深刻的教科书，给予学生远比教材多得多的东西。

(3)教师的教学风格影响情境教学法的使用和效果

如上文所述，为什么同样的教学方法、同样的教学内容被不同的教师所应用会产生天差地别的效果呢？这与教师的教学风格有着密切的关系。教学风格是指不同的教师在课堂里的活动具有始终如一的特定差异。每位教师自身所具有的独特的教学风格，影响着其对教学方式的选择。有的教师运用情境教学法使课堂教学栩栩如生，而有的教师流于形式，形似而神异。此外教师的教育机智同样影响情境教学法的使用和效果。教育机智是教师在教育教学过程中，能够根据学生的知识经验、身心特点及其个别差异等方面的情况，来果断地处理在错综复杂情况下出现问题的能力。[1]因为学生年龄的低下，往往在课堂上引发教师难以预料、必须特殊对待的问题。这就要求教师能够应用教育机智在课堂上快速、准确地识别和解决问题。这些都是保证情境教学顺利进行的重要因素。

(4)非言语行为对情境教学的影响

言语是人类交流思想的工具，但却不是唯一形式。非言语行为在人与人信息传递方面亦有不可低估的作用。非言语行为就是运用眼神、举止、神态等无声言语将众多信息输送给对方，它具有十分重要的心理意义。它有利于提高信息传递的准确性，加深学生对知识的理解；有利于沟通思想，架起师生感情的桥梁，并自觉接受教师的教诲；可增强信息的感染力，提高对知识的记忆；也有利于学生消除心理疲劳，提高学习效率。[2]综上所述，情境教学法对教师非言语行为的表现能力具有极高的要求。

2.学生特征对情境教学的影响

(1)学生参与的积极性程度对情境教学的影响

美国教育家杜威说："我们主张必须有一个实际的经验情境，作为思维的开始

---

[1] 韩丽华 . 初中历史情境教学法研究 [D]. 东北师范大学硕士学位论文，2008 年 5 月 .

[2] 刘宏丽 . 浅谈初中历史情境教学 [D]. 东北师范大学硕士学位论文，2009 年 6 月 .

阶段。"思维起于疑难是杜威教学过程的理论基础。这里的"疑难"即是相对学生认识程度而言的有困难的情境。教师创设一个有一定困难的情境，大多数学生能够接受，那么学生主动参与的积极性就高，反之，过难或过易的情境就会降低学生参与的积极性。运用情境教学的关键是创设难度适当的情境，激发学生的动机，增强学生的学习兴趣，充分调动学生主动参与的积极性。

(2)学生的从众行为对情境教学的影响

从众行为是指在实际存在或想象存在的群体压力下，个人改变自己的态度，放弃自己原先的观点，而产生和大多数人一致的行为。从众行为作为一种社会现象，它既有积极的一面，也有消极的一面，在情境教学中亦是如此。在课堂上，优秀学生往往是其他学生从众行为的目标。因此，教师应密切注视课堂动向，不要让优秀学生过早发言，以免其他学生产生依赖心理。情境教学法要求教师要充分利用从众行为积极的一面，克服消极的一面。

(四)运用情境教学法应注意的问题

1.情境教学应和学生特点相结合，从学生实际出发

因材施教是教育学需遵守的重要原则之一。该原则要求教师在应用情境教学法时要根据不同班级、不同学生设计不同的情境。学生注意的持久性与稳定性与其年龄及认知水平、理解能力有着紧密的联系。所以教师在应用情境教学法设计问题情境时既要考虑情境的难度，又要考虑学生的接受程度。情境内容所含有的信息量应充分满足学生的认知水平，只有这样设计出来的情境才能激发学生的兴趣，学生才会乐于接受并主动适应情境，使课堂达到原定的教学效果。

2.情境的创设不能滥用，要适度

在教学实践中，有些教师可能会出现刻意追求形式的情况，即为了创设情境而随便创设情境的现象，这样不仅达不到预期的教学效果，反而可能会"适得其

反",使简单的问题变得复杂化,还会起到画蛇添足的效果。所以,情境的创设目的要非常明确,万万不能偏离教学内容,因此需要教师将情境与教学内容、与要解决的问题紧密结合。

3.情境创设中教师与学生应建立平等和谐的"对话"关系

师生间平等和谐的"对话"关系有助于课堂气氛的活跃。情境教学的实质是通过问题情境的创设引起学生积极主动的情感体验,以达到良好的教学效果。和谐的师生关系是取得良好教学效果的重要前提条件,即所谓"亲其师,信其道"就是这个道理。

4.世界上不存在万能的教学方法

任何一种教学方法总是依据一定的条件发挥作用,而每一种教学方法都有其独特的适应性和具体的教学功能。"教学有法,教无定法,贵在得法。"情境教学法绝不是万能的教学方法,它同样受教学内容、学生认知能力、知识基础、教师教学经验和教学水平等客观因素的影响。

(五)实施方法

情境教学可以有许多种操作方法,本书将选取几则经典方法予以介绍,以备读者参考。具体如下:

1.图片描绘内容操作法:即根据教学内容和故事情节设计一幅或多幅图画为教学内容提供场景,使学生在看图的过程中进入情境,在老师的引导下顺利完成学习,掌握知识。

2.多媒体演示操作法:教师在课堂上利用多媒体等电教手段向学生做示范性的表演,将大量的、抽象的信息以灵活的方式(色彩鲜明的图画、动听优美的音乐等)快速传达给学生,以便其对知识的理解、掌握和吸收。

3.体态语言表象操作法:即利用简易的动作,演示教学内容,用以吸引学生的注意力和兴奋点，使学生感知知识。

4.呈现生活情境操作法：即教师结合教学内容中有关日常生活的部分引导学生走入现实，如英语教学中的"打电话"、"问路"等交际联系或现场介绍自己的学校、家庭、同学等口语练习，从而掌握知识的运用。

5.表演体会情境操作法：根据课文内容情节编成剧本，分角色进行表演，将枯燥的知识融入生动的表演之中。

(六)评价指标[1]

1.是否达成教学目标

新课程的教学目标主要由知识与技能、过程与方法、情感态度与价值观这三个方面构成。从三者基本内涵来看，知识与技能是基础性目标，重在智能的提升；情感态度与价值观是终极性目标，重在人格的塑造；过程与方法是关键性目标，是知识与技能和情感态度与价值观目标达成的途径。从二者关系来看，知识与技能是物质载体，情感态度与价值观是动力，过程与方法是策略，三者是密不可分的有机整体。从三者的内容来看，课程三维目标陈述抽象，需要对其作较为细化处理，以便于教学目标的设计对于问题情境有效性的评价，是否落实教学目标是评价的重点。是否达成教学目标我们可以通过课堂的反馈练习、问答情况、学生的参与情况以及问卷等方式来考查。

2.是否切合学生实际

是否符合学生实际是问题情境运用是否恰当有效的关键。教无定法，但教师所设计的问题情境必须符合自己学生的年龄特点和基本素质等情况，而且要满足各类学生在认知、情感、个性等方面的差异，为学生提供实践、表现和获得成功的机会。同时要培养学生形成良好的学习习惯，提高学生的学习能力。所创设的

---

[1] 臧丽芹.地理教学中创设问题情境的研究[D].南京师范大学教育硕士专业学位论文，2008年5月.

问题情境是否符合学生实际可以从两个方面来衡量：(1)学生的接受程度如何；(2)学生能否灵活调用已学知识。

3.是否调动了学生的积极性

有效性高的问题情境往往能最大限度地吸引学生参与其中。学生的参与状态指学生是否主动、积极地参与学习过程而不是被动地从教师那里接受知识，任由教师摆布。教师所提供的问题情境能否让学生积极参与可以考查以下几个方面：(1)学生参与的时间是否足够，参与内容广度大小；(2)学生独立思考能力是否受到激发；(3)学生个别学习的时间是否获得保证；(4)学生是否参与了高水平的认知活动；(5)学生是否表现了对解决问题的浓厚兴趣；(6)学生参与过程中情感因素是否调动；(7)学习内容和学习过程对学生吸引力如何。

4.是否能发挥学生的主体性地位

问题情境的设计应体现教师为主导和学生为主体的教学思想。这就意味着既不是教师自始至终唱"独角戏"，也不是完全让学生自己活动而放任自流。在问题情境的设计应用中应考虑到师生的交流、反馈、教师的循循善诱，调控教学进程，各类学生都有活动、参与、表现的机会等。是否发挥了学生的主体性我们可以从以下几个角度加以考虑：(1)问题情境中教师所设计的开放性问题多寡；(2)学生为开放性问题提供的答案数量，教师准备的答案数量；(3)学生回答问题的创意性；(4)学生主动提问的次数；(5)课堂教学中的集体自由讨论时间；(6)课堂教学中学生独立思考和学习的时间；(7)教师批评学生和否定学生的次数。

案例4-3　情境教学法之《五四爱国运动》[1]

1.情境再现，让学生感知历史，探讨五四运动的原因

在这一部分，教师首先播放电影《我的一九一九》片段"顾维钧在巴黎和会

---

[1] 韩丽华.初中历史情境教学法研究[D].东北师范大学硕士学位论文，2008年5月.

上的发言"。电影上顾维钧的扮演者用极富感染力的表演，再现了顾维钧在巴黎和会上据理力争、要求收回山东主权的历史情境，引起了学生强烈的共鸣，同时也让学生了解到基本史实。

接着老师围绕着电影片段提出问题，师生共同探讨五四运动爆发的原因。这些问题分别是"影片再现的是哪一历史事件？"、"巴黎和会是什么会议？"、"山东问题的由来是什么？"、"巴黎和会为什么没有接受中国代表的正义要求？说明了什么问题？引起什么后果？"。问题的设计由浅入深，引导学生步步深入探究原因。

2. 角色扮演，让学生体验历史，自主学习五四运动的过程

老师继续播放电影《我的一九一九》片段，影片再现当时巴黎和会拒绝中国代表的正义要求后中国留学生与华侨在法国集会抗议以及国内五四运动爆发的情境。通过这个情境再现，渲染当时的爱国激情，进一步调动学生的情感。

然后学生活动，按下列角色分工与历史场景的设置完成学习任务：

第一组同学以当时北大学生的身份给在国外留学的朋友写一封亲历五四运动的信；第二组同学以当时上海工人的身份给在家乡的亲人写一封亲历上海五四运动的信；第三组同学以当时外国记者的身份写一篇新闻报道。(要求学生注意自己角色的情感定位；所写的信与新闻报道要包括运动的口号、中心、主力、结果等基本内容，字数在200字左右，10分钟左右完成)

同学们在这一环节的学习中，利用短短的10分钟时间，阅读课文，自主学习；角色扮演，体验当年的爱国激情；并且通过书信与新闻报道等文学手段，准确地展示自学成果，抒发爱国热情。达到了提高能力、培养爱国主义情感的目的。

接着是学生作品交流，用交换阅读与代表朗读的方式进行，师生对作品当堂

评价，提高学生的评价能力。

3. 小组讨论，深入探讨五四运动的深刻社会影响以及"五四精神"的内涵

这一阶段，学生在老师的指导下，分小组展开讨论：五四运动对中国社会变革产生了什么影响？"五四精神"的内涵是什么？为什么我们今天还提倡弘扬"五四精神"？

学生在上一环节中主要对五四运动进行感性体验，这一阶段进入了理性思考。学生在对历史与现实认真思考的基础上，各抒己见，经过热烈的讨论，达成共同认识。从而提高了学生的分析能力，加深了对"五四精神"的认识，培养了民族责任感。

4. 运用表格，巩固本课基础知识；情境再现，强化爱国情怀

本阶段为小结环节。首先师生共同梳理五四运动的主要知识点，巩固基础知识。最后播放电影《我的一九一九》片段，即中国代表拒签和约的情境。进一步强化学生的爱国热情，当影片最终定格在几个大大的黑体字"中国人民第一次对列强说'不'"时，同学们已经心潮澎湃，激动不已。

"我听见了，就忘记了；我看过了，就领会了；我做过了，就理解了！"这一句话充分说明了让学生亲身实践的重要性。历史教育是一种养成教育，强调心理内化。情境教学之所以在情感态度与价值观教育中能发挥重要作用，主要是它遵循了上述教育规律。从《五四爱国运动》这一极为普通的课例中，我们看到，历史教学就是要尽可能做到让学生对其所面对的历史事件"亲临"其境，感同身受，成为历史事件的"参与者"或"见证者"，并在此基础上形成他们的悲与喜，爱与恨，形成他们的是非观，形成他们的正确价值取向，培养他们越来越深刻的分析能力。

第四节　启发教学法

一、基本理论

(一)对启发式教学的误解

对于启发式教学,目前我国中小学教师对其仍存有一些误解,这些误解主要表现在:

1.启发=教师"启"+学生"发"

在有些人看来,"启"是教师的责任,"发"是学生的行为。其实不然,"启发"二字最早来源于我国古代伟大教育家、思想家孔子的名言"不愤不启,不悱不发"。《正义》曰:"此章为诲人之法。言人若不待其人心愤愤,则不为开说;若不口悱悱,则不为发明。""开说"是开启阐述,"发明"是"闻耳目之明"。可见"启"与"发"都是指教师,而不是学生,即不是一般理解那样——教师"启",学生"发"。可见运用启发教学法的前提就是教师要认清自己的角色。

2.启发式教学就是"多提问"

有相当一部分人盲目地认为"启发"就是"提问"。有的教师甚至在一节课上提出了一百多个问题。多提问就是善于运用启发教学法,这显然是对启发教学的另一种片面理解。"学贵有疑",是的,提问绝对是一种有效激发学生思考的手段,也是启发教学法的一种常用操作形式,但并不是所有课堂上的提问都能称之为启发教学。提问是将矛盾摆在学生面前,刺激学生展开积极的思维活动,因此教师的提问一定要有质量,要紧密联系教学内容。巧妙地提问,给学生指明思考问题的方向和寻求答案的路径,这样的提问才是有效的启发。相反,如果无法刺激学生的思维,引发学生的思考,那样的启发教学是失败的。

3.启发法等于"谈话法"

所谓谈话法，教育家凯洛夫在其著作《教育学》中指出："谈话法就是教师在学生参加下，以对话或谈话来叙述知识。教师向学生提出鼓舞思维的问题，并使学生自觉地、深思熟虑地回答。"其目的在于"在学生意识里形成关于所学题目的各种论据确凿的明确结论"。在于"可以帮助维持儿童在课堂上毫不松懈的积极性。"可见，凯洛夫所说的"谈话法"是一种具体的教学方法，它虽然也强调鼓舞学生思维以及鼓励学生积极作答，但它的指导思想不是强调学生的内因作用，也不是启发学生的积极主动精神，而是强调教师主观设计一套问题，使学生"用教师所指示的检讨方法寻求真理，解答提出的问题"。"谈话法"实际上是借学生的口来说教师要说的话，这是当前课堂实施启发教学法普遍存在的一种弊端。谈话，归根结底也只是启发教学法的操作方式之一，并不完全等同于启发教学法。

(二)启发教学法的涵义

现代教学中最关键的问题是要形成正确的教学指导思想，指导思想正确了，才能灵活运用教学方法，有所创新。"学生为主体，教师为主导"，这就是现代教学的指导思想。如何体现"学生为主体，教师为主导"，关键是学生能否有学习积极性，而学习积极性在很大程度上和教师的主导作用有直接关系，因此需要在教学中进行启发式教学，提高学生学习积极性，从而全方位地提高学生的能力。

启发教学法指教师在教学过程中根据教学任务和学习的客观规律，从学生的实际出发，采用多种方式，以启发学生的思维为核心，调动学生的学习主动性和积极性，促使他们生动活泼地学习。启发教学法不仅是教学方法，更是一种教学思想，是教学原则和教学观。当代世界各国教学改革无一不是围绕着启发式或和启发式相联系。

(三)发展历程

1.国内发展历程

在我国,最早提出启发式教学的是教育家孔子。《论语·述而》篇记,子曰:"不愤不启,不悱不发。举一隅不以三隅反,则不复也。"在孔子看来,启发就是教导学生,不到他想弄明白又弄不明白的时候,不去启示他的思路;不到他想说而又说不出来的时候,不去开导他的表述。举出一个方面的事理启发他,而他却又不能推知领悟其他与此相关联的三个方面的事理,教师就不再告诉他。

战国时期,我国教育史上最早系统总结教学理论的著作《学记》则对启发教学作了如下精辟的论述:"君子之教喻也,道而弗牵,强而弗抑,开而弗达。道而弗牵则和,强而弗抑则易,开而弗达则思。和易以思,可谓善喻也。"这段话意为:优秀的教师要善于通过诱导进行教学,在教学过程中做到启发引导学生,而不是硬牵着学生走;要做到策励学生,严格要求学生,而不对学生施加压力;要做到为学生指明路径,而不代替学生作出结论。这样学生学习起来才能感到和而易,学生才有可能独立思考。在教学过程中真正做到教学气氛和乐,师生关系融洽,教法学法得当,这样才能称得上是善于诱导。

宋代理学家朱熹进一步发展和阐明了启发教学的思想。他认为"读书无疑者,须教有疑,有疑者却教无疑,到这里方是长进"。朱熹强调要让学生"自家读书"、"自学为家",教师不能代替学生"理会"。

到了现代,新中国成立后,我国教育家曾于1965-1966年间以"怎样掌握启发式教学法精神实质"和"怎样使学生学得生动活泼,学得主动"为题展开了讨论,使启发教学思想得到进一步深化。[1]

---

[1] 苏步青、刘佛年、柳斌总主编:《中学百科全书:教育学、心理学卷》,华东师范大学出版社,1994年版。

2.国外发展历程

在国外，启发教学思想也是源远流长。古希腊教育家、思想家苏格拉底的"产婆术"就是通过问题激发学生独立思考以探求真理。17世纪捷克教育家夸美纽斯认为："对青年的正当教育不在于把他们的脑袋塞满从各个名家处拉来的字句和观念，而是使他们的悟性看到外面的世界，希望他们的心里自己生出一道活流。""凡是没有被悟性彻底领会的事项，都不可用熟记的方法去学习。"[1]因此，夸美纽斯抨击欧洲中世纪教会学校推行的一种死记硬背的教学方法使学校变成"智慧的屠宰场"。19世纪德国教育家第斯多惠认为"教学就是引导学生的思想，引导学生智力的积极性"。"一个坏的教师奉送真理，一个好的教师教人发现真理"。[2]近年来布鲁纳倡导的"发现法"以及前苏联的问题教学法等，都被认为是启发教学法的新发展。

(四)运用启发教学法的原则

1.关键性原则

启发教学要求教师启在关键，启在要害，要求教师能够分清主次，抓住教学的重点。一节课有导入、点拨、设疑及小结等环节，教师不仅要善于抓住重点环节，还要善于把握每个环节的重点。要一层层启，一层层发，环环相扣，将学生的发散思维与收敛思维有机结合，辅之列举法、设问法、类比法、组合法等常用操作方法将知识整合，巧妙地传达给学生。

2.及时性原则

教育要及时，启发也同样要求及时。要做到启发及时，就要注意通过必要的设疑、铺垫及一系列的启发诱导，把学生引入"心求通而未通，口欲言而未能"的境界。当学生精神高度集中、思维发散而又活跃的时候，教师及时适度点拨，

[1] 靳乃铮：《启发式教学》，陕西人民出版社，1984年版。

[2] 李如密：《教学艺术论》，山东教育出版社，1995年版。

启发教学的效果就会非常明显。

3.实效性原则

为圆满完成教学工作，启发教学应重视实效性原则。而注重实效，就不得不适应学生的个体发展规律。因此在设计启发教学前，要充分了解学生的年龄特征、身心发展规律、已有认知水平、接受能力以及个人兴趣爱好等。将启发教学做到讲求实际、实效，启而有发，问而有答，因材施教。在这里要注意两点：(1)要利用正迁移规律。即作为启发的知识材料应选用大多数学生所掌握的、感知过的，同时又能在记忆中得到再现的，在此基础上进行有针对性的启发，一定会启而有发，问而有答。(2)鉴于每个学生的知识基础、理解能力、接受能力以及性格、爱好不同，对不同学生，要注意运用不同的问题和方法，做到有的放矢，因人而异，不能用一个模式对待所有的学生。[1]

4.双向性原则

现代教学强调师生之间的民主交流。而双向性原则即指在教学中发扬民主，创造良好的信息交流的课堂氛围，做到在愉快、和谐的情境中进行多种形式的启发。教师应充分唤起学生的主体意识，使学生认识到自己是学习的主人。同时教学要讲求民主，重视双向交流。师生心理互悖，课堂气氛压抑，必然不利于启发教学法的运用。

5.引导性原则

启发的目的是启动学生的思维，激发学生动脑思考，最终使学生主动理解并掌握知识。引导可以从三个方面予以进行：(1)运用新颖的教学内容，生动形象的教学方法；(2)在传授知识的同时引导学生掌握学习的方法；(3)引导学生发展自己的能力。

---

[1] 周磊：《启发性英语教学》，宿州教育学院学报，2007年第5期，第94页。

二、启发教学法的应用

(一)克服运用启发教学法的几种畏难情绪

1．"启发式教学是优秀教师、特技教师的经验，一般教师水平低，做不到。"

没有教师生来就是优秀的，优秀教师都是由一般教师成长起来的。他们中很多人起初也不一定会启发教学，都是通过反复学习、探索、总结，才懂得运用启发教学法。一般教师较优秀教师相比，教学经验匮乏，最初运用启发教学法可能会觉得困难，但只要不断学习，积累经验，总结得失，也是能够做到运用自如的。

2．"启发式教学虽然效果好，可对有的学生就是白花力气。"

启发教学的一个重要条件是要有一个良好的师生关系，良好的师生关系是师生沟通教学的桥梁。启发绝不局限于课堂教学，有时要辅之以课外条件。只有真正了解学生的内心世界和实际情况，实施启发教学才能取得良好的效果。

3．"启发式教学太花时间，完不成教学任务。"

有的教师为完成教学任务，可能会盲目地将知识强灌给学生。教的任务不在于把知识全灌输给学生，根本任务在于培养学生的全面发展。究其原因是教师对教学任务的片面理解。此外，掌握启发式需要一个过程，需花一定的时间，开始可能会很慢，但教师适应后，效果便会逐渐提高。

(二)启发教学法的操作

启发教学法的操作可以从以下三个方面来理解：

1.启发教学的教学过程

启发教学的教学过程可分为三个阶段，即准备阶段、实施阶段和发展阶段。

(1)准备阶段。主要是教师备课，钻研教材，了解学生，做好教学设计。在这一阶段中，教师要从学生实际出发，把握教材的特点，理出知识的难点和重点，明确教学目标，找到实施启发的关键点。

(2)实施阶段。主要是在教师的指导下组织学生学习，掌握知识，培养能力。在这一阶段，教师与学生之间的信息交流形成网状结构。教师要抓住时机，适时点拨，组织讨论、交流、理解、归纳。

(3)发展阶段。主要是通过迁移练习，消化巩固，拓展知识，发展能力。

2.启发教学法的内容

第一，启发教学首先要启发学生的思想，打开学生的思路；第二，启发学生的情感，激发学生的动机；第三，要启发学生思维，引导学生探索；第四，要抓重点、难点启发。此外，启发学习方法，要引导学生从"学会"转变为"会学"。

3.启发的形式（以语文教学为例）

(1)导入性启发：即通过启发，引导学生主动快速自读课文把握基本信息，了解中心内容。

(2)研究性启发：即通过多种启发，引导学生仔细阅读课文，对课文内容进行条分缕析，分析研究，整理归纳。

(3)鉴赏性启发：即通过多种启发，引导学生精读某些重点句段，深入探究它的内容特点和艺术特色，欣赏它的写作技巧和语言艺术。

(4)迁移性启发：即通过启发，引导学生举一反三，完成某种迁移性练习，使知识转化为能力。

(三)关于启发教学法的几点应用建议

启发式教学大致可以分为四个层次：(1)导入要奇——兴趣性；(2)精讲点拨——科学性；(3)巧设疑问——思维性；(4)小结精简——逻辑性。

1.启发性导入

导入是课堂教学的一个重要组成部分。课堂教学的导入方法有很多，常用的有释题导入、故事导入、复习旧课导入、直观教育导入……导入的方法尽管很多，但都应遵循启发性原则。因此，老师可以采用设疑、布疑、激疑等方法，吸引学生注意，促使学生思考，启发学生思维。

2.启发性提问

提问可以调动学生积极地思考，即包括教师依据教学内容向学生提出问题，还包括学生在学习过程中遇到不懂的问题时向老师的求问。提问是为了启发学生通过自己的努力来获取知识，但由于教师对启发教学法的不得要领，提问不甚得法，存在以下通病：(1)提问过于简单；(2)提问分不清主次；(3)提问空泛不着边际；(4)提问过于雷同；(5)提问含糊不清。

好的提问应有思考性，问题虽有一定难度，但是学生认真思考后能够解答；好的提问要有序列性，由易到难，由浅入深，循序渐进；好的提问要设在重点处、关键处，让学生集中优势解决重点问题。此外，要于无疑处激疑。教学中教师要引导学生"生疑"、"质疑"、"释疑"，培养学生发现问题、分析问题、解决问题的能力。

3.启发性板书

板书作为一种教学手段，在课堂上作用于学生的视觉，展示知识的核心于黑板之上。好的板书应具有纲要性、适时性、适量性以及美观性等特点。好的板书简洁而又富有条理，适时而又便于纠正，适量而又利于补充，美观并且醒目，有利于启发学生思考。

4.启发性结尾

一节完美的课，既要有精彩的导入，又要有好的结尾。好的结尾是对学生所学知识的归纳和总结，帮助学生整理自己所学的知识，对课堂内容起到提炼的作用。启发性结尾可以是畅想式，可以是开拓式、激情式，还可以是练习式。对结尾式样的选择可以依据教学内容、教师综合素质和学生具体情况而定。

案例4-4 启发教学法应用实例

某位教师在讲单项式、多项式、整式的概念时，采取了下面的步骤：

首先出示两组代数式，要求学生指出这些代数式是怎样组成的，老师板书如下：

第一组代数式组成

$-3x-3$ 与 x 的积

$2a^2 2$ 与 a^2 的积

aba 与 b 的积

$-3/4xy^2-3/4$、x、$y2$ 的积

第二组代数式

$-3x+4y-3x$ 与 $4x$ 的和

$a^2+3a-2a^2$、$3a$、-2 的和

$a^2-b^2+3a^2$、$-b^2$、3 的和

a^2+b^2-aa2、a^2b、$-a$ 的和

随即教师提出问题：观察第一组代数式，数字与字母之间、字母与字母之间有什么共同规律。

学生们通过观察、思考、讨论，归纳出：数与字母、字母与字母之间只有乘法运算。

接着学生们总结出单项式概念，教师补充完整。

老师又问观察第二组代数式有什么规律?

学生归纳出:"次"、"项"的含义、多项式的概念。

案例分析:在案例中,字母与数字、字母与字母之间的运算及相关概念就是此时的启发原型。它们分成只有乘法运算和既有乘法运算、又有加法运算两组。让学生观察、总结、归纳等,是在启发原型的基础上,从学生的认识水平出发,进行了教学法上的处理。如果在给出代数式时,不是通过精心处理,让学生探索,而指出:"大家看一看字母与数字之间或字母与字母之间是什么运算?"就是启发过度的一种表现。因为如此一问,学生的主要活动变成了按照教师的要求进行思考,被老师牵着鼻子走,其思维的成分、创造发现的成分已所剩无几,更谈不上领悟和作出判断了。

第五节 案例教学法

随着新一轮课改的深入,培养学生探究学习和合作学习的能力成为了时代的要求。教师们开始热衷探索适应新要求的教学方法。案例教学法也因此逐渐走进了中小学课堂。案例教学法较传统教学法在教学主体、授课方式、教材等方面存在许多不同。通过实践,案例教学法显示出传统教学法无法比拟的优点。

一、基本理论

(一)概念

1.案例

"案例"一词译自英文单词"case",可以理解为状态、情况、实情、实例等意义。"case"应用于不同学科,其具有不同的解释。例如,在医学上译为"病例",用在法学上译为"案例、判例",而用在商业或管理教学中译成"个案"、"实例"、"案例"等，目前在国内译作"案例"的居多。[1]

究竟什么是案例？中外学者对案例持有不同的观点。劳伦斯认为："案例是对一个复杂情境的记录。一个好的案例是一种把部分真实生活引入课堂从而可使教师和全班学生对之进行分析和学习的工具，它可使课堂讨论一直围绕只有真实生活中才存在的棘手问题来进行。但一个好的案例首先必须是一篇好报道"。[2]汉森认为："愿意把案例说成是对真实事件的描写，其中所包括的内容，能足够引起大家思考和争论的兴趣，且富有启发性。"[3]郑金洲认为："简单地说，一个案例就是一个实际情境的描述，在这个情境中，包含有一个或多个疑难问题，同时也可能包含有解决这些问题的方法。"[4]中国案例研究会会长余凯成教授的观点为："所谓案例，就是为了一定的教学目的，围绕选定的问题，以事实作素材，而编写成的某一特定情境的描述。"[5]

2.案例教学

因为研究的角度不同，大家对"案例教学"的解释也不尽相同，但主要有以下三种取向：

一是把案例教学界定为一种手段或是方法，以郑金洲为主要代表。郑金洲曾说："从广义上讲，案例教学法可界定为：通过对一个具体情境的描述，引导学生对这些特殊情境进行讨论的一种教学方法。在一定意义上它是与讲授法相对立

---

[1] 经柏龙、罗岩：《论案例教学及其运用》，《沈阳师范大学学报（社会科学版）》，2006年第1期，第38～41页。

[2] Lawrence P R：《The preparation of case material , in Andrews K R. The case method of teaching》，1953年版，第215页。

[3] Hansen A J, et al：《Teaching and the case method》，1987年版，第265页。

[4] 郑金洲：《案例教学指南》，华东师范大学出版社，2000年版，第7页。

[5] 郑金洲：《案例教学指南》，华东师范大学出版社，2000年版，第7页。

的。"[1]而《教育大词典(增订合编本)》中介绍案例教学是"高等学校社会科学某些科类的专业教学中的一种教学方法。"[2]这也是将案例教学界定为一种教学方法。

二是成就取向的定义，以杜萍和小劳伦斯·E·列恩为代表。杜萍认为："案例教学围绕着一定的教育目的，把实际教育过程中真实的情境加以典型化处理，形成学生思考和决断的案例，通过独立研究和相互讨论的方式，来提高学生分析问题和解决问题的能力。"[3]小劳伦斯·E·列恩认为："案例教学在本质上关注解释现实生活的经验，以焦点或问题为导向，力图促进专业知识和行为技能的发展。"[4]

第三种取向是从教学模式的角度来界定。以哈佛商学院和张新平为代表。哈佛商学院曾将案例教学法界定为："一种教师与学生直接参与、共同对工商管理案例或疑难问题进行讨论的教学方法。这些案例常以书面的形式展示出来，它来源于实际的工商管理情境。学生在自行阅读、研究、讨论的基础上，通过教师的引导进行全班讨论。"[5]张新平认为："案例教学是指教育者本着理论与实际有机整合的宗旨，遵循教学目的的要求，以案例为基本素材，将学习者引入一个特定的真实情境中，通过师生、生生之间的双向和多向互动、积极参与、平等对话和研讨，从而增强批判反思意识和团体合作的能力。"[6]

[1]　郑金洲：《案例教学指南》，华东师范大学出版社，2000年版，第7页。

[2]　王青梅：《国内外案例教学法研究综述》，《宁波大学学报（教育科学版）》，2009年第3期。

[3]　杜萍：《案例教学：高师公共课教育学教学的抉择》，《淮阴师范学院学报》，2002年第3期。

[4]　小劳伦斯·E·列恩：《公共管理案例教学指南》，中国人民大学出版社，2001年版。

[5]　Le enders M.R、Erskine J.A：《Case research：the writing process》，1978年版。

[6]　张新平：《论案例教学及其在教育管理学课程中的运用》，《课程·教材·教法》，2002年第10期。

综合以上取向，本书认为案例教学是教师在精心的策划和指导下，依据课程目标和教学内容，从学生的实际情况出发，运用适宜的案例，组织学生分析、研究、讨论与交流，并提出各种问题及解决问题的方案，从而提高学生分析和解决实际问题能力的一种教学方法。

(二)理论基础

1.建构主义理论

建构主义学习理论认为"情境"、"协作"、"会话"和"意义构建"是学习环境的四个要素，认为知识不是通过教师传授获得的，而是学习者在一定的情境即社会文化背景下，借助他人(教师和学习伙伴)的帮助，利用必要的学习资料，通过建构意义的方式而获得。教师的角色是学生建构知识的忠实支持者，同时也是学生学习的高级伙伴和合作者；学生的角色是教学活动积极参与者和知识的积极构建者。为使学生的建构意义更为有效，教师应尽可能组织学生协作学习，展开讨论和交流，并对协作学习过程加以引导，使之朝有建构意义的方向发展。[1]案例教学中教师的角色是"主导"，学生是"主体"，而案例教学的学习方式是强调合作和自主探究，这与建构主义理论所倡导的是一致的。

2.迁移理论

莱文提出的迁移理论认为当一个人在解决问题的过程中，提出和检验一系列的假设，从而形成一套解决问题的思考顺序和假设范围。这种通过假设形成的思考顺序和假设范围会影响以后类似问题的解决，并迁移到以后的问题活动之中。在案例教学中，教师布置案例材料后会提出相关问题，询问学生作为当事人该如何处理案例中所面对的问题。学生通过自学案例、分析案例、小组讨论等步骤寻

---

[1] 涂元玲：《论建构主义学生观》，《当代教育论坛》，2004 年第 3 期。

求解决问题的方法。案例都是为学生而设的，案例情境与学生课外所面临的情境具有极高的相似性，学生对案例的分析就是对现实生活中可能遇到情境的分析。这种相似性使学生在案例学习中获得知识和经验，能有效地发生迁移。

3.信息加工理论

信息加工理论认为，个体的知识分为陈述性知识和程序性知识两种。程序性知识以产生式系统为表征。产生式系统是认知表征中的一种比较典型的程序表征的系统，其基本原理是一个条件能产生一个活动，即每当某个"条件"出现时就会产生某个"活动"。产生式系统中涉及了某些内部目的、内部认识过程和内部知识，要求有目标驱动、集中注意、激活记忆和思维，调动原有的有关知识结构。[1]在案例教学中，案例作为活生生的现实情境，对学生提出的问题能够激发其探索的兴趣，同时案例又是涉及各方面知识的一个综合体，需要学生充分调动其原有的各方面知识，在基于案例的情境中练习与运用，获得由产生式系统转化的问题解决的技能。而以命题形式保存在学生头脑中的原理、原则等知识(即陈述性知识)通过案例学习转化为解决问题的技能，即形成保存在学生头脑中的产生式系统。案例教学是帮助学生将陈述性知识与程序性知识转化为产生式系统的有效方法。[2]因此，信息加工理论成为案例教学的理论基础。

4.社会学习理论[3]

班杜拉认为人的学习分为两种，即直接学习和观察学习。直接学习是对当前直接作用于个体的刺激物的学习，它是一种对事物的直接反应，它的强化必须以

---

[1] 邵瑞珍：《教育心理学》，上海教育出版，上海世纪出版集团 .1997 年版，第 1 页。

[2] 徐延宇、汤小红：《案例教学理论基础探析》，《学位与研究生教育》，2006 年第 6 期，第 38 ~ 40 页。

[3] 程婷 .中学思想政治课案例教学的技巧研究 [D]. 沈阳师范大学硕士学位论文，2011 年 .

当前的刺激物为基础。而观察学习是一种间接的学习。它的反应机制是以观察学习为基础的，在观察的基础上进而模仿相似行为。这种学习可以不需要刺激物的直接呈现，而是可以通过观察模仿他人的行为获得间接经验。这种间接经验的学习能够扩大人类学习和活动的范围，使得人类积累的文明得以继承和延续，因此又被称作社会学习。案例教学法利用榜样的树立，让学生观察榜样的行为并得到正面的影响。或者用反面案例，让学生观察到不正当行为带来的教训，他们就会在今后的活动中控制类似的行为。在案例教学中，教师把案例中创设的情境、人物的行为、活动的过程等展现给学生，使他们在观察别人行为及活动结果的过程中去模仿、习得类似的动作行为。可见，案例教学是一种基于社会学习的学习方法。

5.交往行为理论

哈贝马斯认为交往行为合理化的社会就是人类的理想社会，交往行为(communication action)理论以语言为媒介、以主体间的诚实对话为主要形式，旨在通过无任何强制性的诚实对话达成人们之间的相互理解和相互协调。[1]这种思想体现在教学上就是教学交往。在案例教学中很重要的一个环节就是对案例的讨论。这种讨论正是一种以语言为媒介、以主体间的诚实对话为主要形式的交往。教师与学生、学生与学生之间都通过讨论的形式充分地交流，自由地交往，各方主体平等地交往对话，最后达到精神的交流，经验的共享。并且这种平等的教学交往中营造出一种和谐轻松的氛围，学生的个性在这种没有压力的轻松氛围里得到健康全面的发展。可见，案例教学是交往行为理论的一个体现。

---

[1] 余文龙：《哈贝马斯交往行为理论对当代高校德育工作的启示》，《长沙大学学报》，2006年第4期。

6.认知发现理论

认知发现理论以美国当代著名的心理学家和教育家布鲁纳为代表。该理论有三个基本观点：首先，学习的实质是主动形成认知结构；其次，学习包括获得、转化和评价三个过程。最后，强调学习的内部动机。案例教学与布鲁纳的发现式教学法也非常相似，案例的原理和结论也不是现成的答案而是学生去认知发现学习以后才可能得出的结果。

(三)案例教学在国内外的研究状况

1.国外研究状况[1]

在国外，古希腊哲学家、教育家苏格拉底的"问答法"(亦称"产婆术")可视作案例教学的雏形。柏拉图继承了苏格拉底的教学思想，将"问答法"编辑成书，并在书中附加了许多日常生活中的小故事，亦可视作小案例。

案例教学最先运用发生于美国哈佛大学的医学院和法学院。那时，哈佛大学的医学院和法学院看到一般的理工学院为了培养学生解决问题的能力，除了进行实际工程教育外，还可以在学校的实验室里制造与模拟各种实际的情况，让学生进行锻炼。但是医学院却不能，他们不能把病人搬到课堂上去，也不能视病人为实验品。为了对学生进行教育，只能由临床医生把病人的诊断过程记录下来，写成日志，即我们平常所说的"病例"。然后教师用这些病例进行教学，学生根据这些病例进行讨论研究，如同医生面临病人一样，学习诊断，进而成为一名医生。法学院则主要是利用法院的判例进行教学。判例是把犯罪分子的犯罪经过记下来，把律师的辩护词记下来，把公众的反应与舆论记录下来等，学生就从这些

---

[1] 任玉颖.案例教学在初二思想品德（法律常识）教学中的运用[D].内蒙古师范大学硕士学位论文，2009年.

判例中学习审理案件的技能，从而来培养他们当法官或律师的能力。

20世纪40年代，案例教学初具规模，形成包括选题、编写、应用、储存、建档等环节在内的、较为完整的案例系统。后来哈佛同其他高等院校建立了有关的校际联系，于1951年以"校际案例研究规划"的名义开展工作，并将案例教学应用于管理教学中。从此，案例教学就在哈佛大学慢慢成长起来，并在世界各地得以推广运用。到了20世纪70年代，案例教学开始真正受到重视并被学者广泛研究。

2.国内研究状况[1]

在我国，案例教学的思想可追溯到古代。在我国的《学记》中就有"罕譬而喻"的教学思想，即通过讲解、分析几个例子而让学生明白事理。早在春秋战国时期，诸子百家就大量采用民间事例来阐发事物的内在规律，以事论理，使人们从而得到启发和借鉴。这可以说是案例教学的萌芽状态。

虽然我国有着许多与案例教学相关联的历史，在医学等学科专业领域也在一定范围内采用了类似案例教学的方法，但正规性和规模性的开展案例教学却起步较晚，在20世纪80年代前，案例教学还仅限于临床医学、法学等少数学科专业的部分课程，且在实施方法上与现行的案例教学还不尽一致。1980年，由美国商务部与中国教育部、经贸委举办"袖珍MBA"培训班，中美双方教师组成案例开发小组，到若干中国企业编写了首批用于教学的中国案例，并编写了《案例教学法介绍》一书和首批83篇自编的中国管理案例。

到了80年代中期，随着我国改革开放步伐的加快，国外案例教学的方法开进

---

[1] 唐君勇．高中思想政治课案例教学研究[D].河南大学硕士学位论文，2011.

入学科教学中，当时主要集中于市场营销学等领域。90年代初至90年代末，世界银行资助我国举办了多种形式和较大规模的以公共管理、工商管理为主要内容的案例教学研习班。国家行政学院是我国干部教育培训领域较早开展案例教学的教学培训机构，并举办了多期案例教学专题研讨班和培训班，先后做了大量的推广和示范工作，在公务员培训中得到较好的应用。20世纪的八九十年代是国内推行案例教学的一个重要时期，在这一时期，人们不仅认识了案例教学所具有的魅力和作用，趋向认可接受这一全新的教学理念和教学方法，而且培养锻炼了一批具有一定教学水平和教学能力的案例教学骨干，对进一步推广案例教学法起到了促进作用。

二、案例教学法的应用

(一)案例教学法的教学流程[1]

1.案例收集

案例的收集与整理是案例教学的第一步。一堂案例教学课能否成功，很大程度上取决于所用案例的质量，因此案例的收集与整理是案例教学的前提。教师在收集、选编案例的过程中应注意以下几个问题：

(1)案例要尽量多地蕴涵教材中的概念和原理

案例教学法引导学生在分析、研究案例的过程中学习和掌握相关理论知识，因此教师在选编案例时应首先将学生所应掌握的重要概念和原理列举出来。案例必须尽量多地蕴涵教师所列举出来的重要概念和原理，这是案例收集的一条准则。

(2)案例要能够真实全面模拟现实

《新课程标准》中规定："教学要紧密联系学生的生活实际和社会实际，

[1] 程婷.中学思想政治课案例教学的技巧研究[D].沈阳师范大学硕士学位论文，2011年.

发挥学生的主体作用。"因此，教师要引导学生关注现实问题，保持教学的生命力，让学生始终认同他们所学的知识是有用的，并且日后能将所学的知识应用于日常实践，只有这样才能充分发挥学生的自主学习动力。

(3)案例应包含有复杂、模糊或亟待解决的问题

由于案例教学法不是以传递信息的方式来帮助学生理解学习的内容，而是让学生在问题的发现和解决过程中建构知识，所以案例应具备适度的复杂性和对不同观点的包容性，这样才足以让学生在认知上产生冲突。

(4)选编的案例要有启发性

教学案例本身既不是纯理论性的内容，又不是简单的事例，而是包含一定需要思考的内容和问题。对这些问题，让学生自己去挖掘，去体验，学生在分析案例的过程中，开动脑筋，寻求真谛，找出问题的本质所在，从而提出建设性意见和解决的方法，由此提高学生分析问题、解决问题的能力，因此，越能诱人深思，越能给学生留下较多的思维空间，教学效果就越好。

2.案例准备

案例教学要求教师应在课前做好客观条件和主观状态的准备。

(1)案例教学对客观条件的要求

教学的客观环境又称物理环境，指的是师生双方教与学活动所处的环境，如校园、教室以及教室内部装饰、亮度、温度、噪音、班级规模、座位编排等。对于案例教学，首先班级规模不应过大。在西方的案例教学中，最恰当的班级人数是15人，最多不超过30人。其次，座位的安排要有利于学生活动及师生互动，以围坐型为宜。

(2)案例教学对教师的要求

在案例教学中，教师处于主导地位，起着示范、引导、支配的作用。案例教学不是单纯的知识传递，因此教师应由传递知识的"搬运工"向教学过程的促进者与指导者转变。其次，教师应由管理者向合作者转变。此外，案例教学对教师的职业道德与能力提出如下要求：

第一，要求教师具有崇高的职业道德，敬岗爱业，热爱学生；

第二，案例教学所涉及的内容往往超出学科界限，与其他学科纵横交错，这要求教师打破学科壁垒，广泛涉猎相关学科的知识；

第三，案例教学与实际生活联系紧密，一个案例的学习需大量信息的支持，这要求教师能够主动地通过多种途径获取与处理信息；

第四，要求教师具备敏锐的问题意识，能够发现、提出并解决问题；

第五，具备反思意识，要求教师具有自我学习与自我反思的意识，发现自身的问题与不足。

(3)案例教学对学生的要求

学生是案例教学的主体，并且在案例教学中处于核心地位。案例教学主要通过"案例"培养学生解决问题的能力，因此学生需要具备相应的知识背景和能力结构。相应的知识背景有助于学生解决案例所反映的问题，而对学生能力结构方面的要求主要体现在对认识能力、思维能力、团队合作能力等方面的要求。

3.案例呈现

如何呈现案例以及案例呈现的时机也是实施案例教学要考虑的问题。不同的案例需要不同的呈现方式，一般包括教师口述、案例书面稿、多媒体影像等。但是无论应用何种呈现方式，其最终目的都是为了引导学生进行分析并得出结论。运用案例还有一个什么时候呈现案例的问题，因为案例只是辅助手段，用来证明一定的观点或分析一些问题。应该安排好案例呈现的时机。具体来说有三种情况：第一种，如果用案例来做情境导入，那就在课堂一开始就拿出来，引出下面的知识。第二种，案例可以用来使某一个重点问题或难点问题变得更容易理解，那就可以对这些难以理解的枯燥理论先进行讲授，之后引出一个案例来对这个理论进行深化和说明。第三种，案例还可以用在最后做总结，对教学内容进行深入和提高。

4.案例提问

呈现完案例之后就要根据案例提出问题了，一个好的问题的提出能够正确引导学生们进行充分的讨论和有利于对本课内容深入地理解。因此教师对提出的问题要有精准把握，不能随便乱提，要考虑到问题和本课主题是否紧密联系以及是否能够引导学生的思维。提问是有技巧的，首先要明确意图，紧扣中心；其次要层层深入，逻辑清晰；第三要善于引导，有序整合；最后是逆向提问，突出主题。

5.案例讨论

案例讨论是案例教学的中心环节。讨论一般是在教师指导下，以小组为单位，组织学生对案例进行分析、研究和讨论，去发现和解决问题。同学们在讨论时可能会经常出现跑题、沉默等情况，教师对此需要积极引导。对于头次接触案例教学这种讨论形式，同学们可能不适应，不知道如何进行。教师可以要求学生在课前进行模拟练习，以熟悉案例教学的程序和讨论过程。

6.案例升华

案例只是教学的一种工具和手段，最终的目的是要挖掘其中的意义，因此需要对案例进行升华。包括案例教学实施中的升华、总结性的升华和目标式升华。实施中的升华就是在案例教学过程中时时抓住机遇，充分挖掘案例的使用价值并加以利用。总结性升华是在课堂的最后对本课的案例教学进行一个总结和提升。目标升华是紧紧结合课程目标的升华，使得三维目标顺利落实。

(二)实施案例教学法应注意的问题

案例教学法实施至今，凸显了以下几个问题：

1. 案例分离问题

在案例教学中，学生对案例的分析，往往容易停留在表面。案例生动具体的特性，相较于教材中枯燥的知识，使得案例更容易被学生所关注。而这时如果教师把握不好、引导不好，就容易使案例教学走向另一个极端：就事论事地分析案例本身，堆砌案例，而忽视了系统的理论知识的教学，结果导致学生能力的培养和觉悟的提高成为无源之水。[1]

2. 教师角色错位

教师在案例教学中应处于"导演"的角色。然而，在实际教学中，教师会不自觉地陷入角色误区。例如有的教师在课堂上对学生放任自流，教师游离于教学活动之外，成了旁观者。还有的教师提出问题后不给学生思考的时间，而是直接点名找学生回答，并且对学生的回答不予评述，这时教师就不自觉充当了讲演家的角色。小组讨论中时常会发生学生争论的现象，这时如果教师马上站出来评定是非，就无疑变成了裁判员的角色。

---

[1] 亓大江：《处理好三对关系推动案例教学有效进行》，《上海教育（半月刊）》，2006 年第 6B 期，第 57～58 页。

3.问题设置不当

这主要体现在教师设置的问题脱离学生的认知水平、老师的问题有标准答案、问题的提出者是教师而不是学生等方面。如果教师的问题脱离学生的认知水平，题目太难，学生可能不会作答。如果设计的问题无法引起学生的认知冲突，学生更会不愿作答。再者，目前大多数教师是根据教学参考书、根据自己的理解判定教学目标、重点、难点、疑点。这些问题大多数是教师课前设计好的，因而这些问题往往脱离学生的实际，根本不能激发学生的问题意识和学习兴趣。如果将教师"要研究的问题"与学生"想研究的问题"作比较，就会发现，不管学生提出了什么问题，教师实际"要研究的问题"始终离不开备课时按照课程标准规定的重点或难点问题，而这些问题在有些情况下并不是学生真正"想研究的问题"。

4.课堂评价失当

有的教师无论学生回答的有无道理都不置可否。有的教师在对学生的回答进行评价时，几乎不敢触及一个"不"字，唯恐因此扼杀了一个"牛顿"，夭折了一个"爱迪生"；再就是学生说的不怎么样，老师却给予高度评价，明显有失公平，让人听了很不舒服；还有就是不管学生怎么说，老师总是用"很好"、"不错"几个字敷衍过去。有学者认为，表扬的成效取决于它是否激起被表扬者的荣誉感。表扬的滥用既可能淡化学生的荣誉感，又可能刺激某些学生的虚荣心，甚至还可能使受表扬与奖励的学生在学生中"光荣地孤立"。[1]

---

[1] 欧阳文珍：《品德心理学》，安徽大学出版社，2005年版，第97页。

案例4-5　密度流实验[1]

以下是一位地理教师应用案例教学法进行课前导入的教学记录:

师:在开始学习新课之前,我先给大家讲一个故事:第二次世界大战期间,英国海军为了防止德国军舰进入地中海,在大西洋和地中海之间布下了水雷阵,同时派出强大的舰队,日夜巡逻,而潜水艇在出入直布罗陀海峡时,只有熄灭发动机,才能避开对方的监听,可谓固若金汤。哪知道德军潜水艇神不知鬼不觉地出现在地中海,给英军以突然袭击。分析该事例的可能性,并说明理由。

(学生沉默,焦急地等待答案)

师:德军巧妙地利用了洋流。在海峡底层存在着由地中海流向大西洋的洋流,德军的潜艇就是借助这股洋流,熄灭马达,悄然溜出的。请看图示。

(屏幕展示"直布罗陀海峡附近垂直洋流示意图")

师:这股洋流是怎么形成的?请看一个实验。

(教师出示一个水槽,中间隔了一个玻璃插板,插板两侧都灌进相同的自来水。)

生:改变两侧的自来水的温度,因为水在4℃时密度最大。

生:在一侧水槽中加入盐,盐度高的液体密度大。

生:干脆既改变水的温度,又加盐。还可以改变水的压强……

师:现在我们就来做这些实验。我们先来做由于温度差异导致密度差异的实验,大家注意观察水体的运动状况。

……

[1]　汪晓岚．中学地理案例教学研究[D]．江西师范大学硕士毕业论文,2005年12月．

第六节 角色扮演法

意大利教育家蒙台梭利在19世纪就提出了"实践是孩子最好的老师"的教育思想。并形象地解释：一件事，我听到了随后就忘了；看到了，也就记住了；做了，很自然地就理解了，这是对角色扮演最好的诠释。角色扮演法就是通过行为模仿或亲身体验来影响个体心理过程的方法，这样能有效减弱对思想政治课的传统偏见，从而提高教学和育人效果。[1]

角色扮演教学法比较适用于一些需要亲身体验来学习的知识，通过学生的表演和参与，可以增强他们对于某些事件某些人物的感受与认知，并配合在表演过程中的讨论与事后的省思，加强学生对于课程内容理解认识的深度，从而激发学生的学习兴趣与学习热情，使教学效果得以提升。角色扮演教学法可以帮助学生产生认同感，提高学生学习的主体地位，将有助于教学内容内化为学生个体的道德需要和道德信念，拉近教学内容与现实生活之间的距离。[2]

一、基本理论

(一)基本概念

1.角色

"角色"概念来源于戏剧舞台用语，原指演员在戏剧舞台上按照剧本的规定所扮演的某一特定人物。它可以定义为人在社会关系中的特定位置和与之相关联的行为模式，反映了社会赋予某一特定个人的身份与责任。在某一时刻，社会的

---

[1] 谢六玲：《思想政治课课堂激趣法略探》，《学校党建与思想教育》，2011年第12期。

[2] 黄秀琼：《"毛泽东思想和中国特色社会主义理论体系概论"课课堂教学的生活化途径》，《毛泽东思想研究》，2009年第6期，第149～152页。

每个成员都处于一个社会位置上，这时他(或她)便扮演着特定的社会角色。[1]父母、子女、售货员、经理、律师、医生等都是社会角色。

2.角色扮演

角色扮演(Role Playing)是指人们按照某一特定的地位和所处的情境、遵循特定角色规范而表现出来的行为。角色扮演强调的是人际交互作用。它的核心思想是设定某种特定的情境与题材，让被试者通过行为模仿或行为替代，充分体会角色的情感变化和行为模式，表露自己或角色的人格、情感、人际交往、内心冲突等心理问题。然后通过观察和分析事物内在的规律，从而发现和解决具体的问题。

角色扮演的表现形式有多种，如集体的角色扮演、个体的角色扮演、角色互换和固定角色扮演等。常用的角色扮演法也较多，如模拟(Simulation)、再扮演(Reenactment)、预演(Rehearsal)、角色倒置(Inversion)、哑剧、木偶剧、角色辩论会等。[2]教学中的角色扮演是根据教学需要，运用戏剧表演的方法，让学生在已有经验的基础上，通过对角色的想象、创造、感受、体验、思考与讨论，从而真切地感受教学内容，达到学习的目的。

3.角色扮演法

角色扮演法是指教师设计一定的情境，学生在情境中分别扮演不同的角色，满足学生了解、思索、创新与实践的需求。角色扮演法融合了认知、技能、情感的各个领域，它是对选定的问题进行情境表演的一种方式，是一种不必经过排练的即兴

---

[1]　陆惠文、丁秀玲：《角色理论在人力资源管理中的应用》，《南京财经大学学报》，2004 年第 1 期，第 50 ~ 53 页。

[2]　李贤伟：《角色扮演法在中学体育教学中的应用分析》，《科教文汇》，2011 年第 1 期。

表演。它没有固定的脚本，也不受舞台的限制，非常适合在班级教学中实施。

(二)理论基础

1.角色概念理论

社会心理学家提出的角色概念，是角色扮演教学的主要理论基础。这个理论认为："每个人在社会中都要扮演一定的角色，它是一个社会成员的思想、情感、行为和责任的集中体现，反映个体与自己、周围人群和客观事物之间发生作用时独特和一贯的行为方式。"个人角色的形成与他接受的教育、所处的文化背景、社会制度规则和人际交往作用等因素有着直接而密切的关系。一个人要想很好地融入社会，对社会做出贡献，就必须对自己以及他人的角色有一个正确、完整的认识。如果缺乏角色意识，不清楚自己的角色定位，也不了解别人的思想、情感和价值观念，即不能做到移情，就会在社会生活中失败。

2.心理剧论和群体动力学理论

角色扮演作为一种教学手段，是以莫雷诺(J.D.Moreno)为代表的心理剧论者和群体动力学论者发展起来的。莫雷诺认为人是具有创造性、自发性的，如果允许儿童自发地选择扮演各种角色，不仅能表现创造性自我，更因为心灵的开放而发展积极的情感，改善人际关系，增进解决问题的能力。他进一步指出，角色是动态的，要帮助个体成长，需要通过戏剧情境的扮演者，让个体真正地体验生活，学习如何解决问题。在这种历程中，个体不仅凭借演出宣泄情感，缓解各种压力，而且可以学得新的行为方式以适应未来生活。[1]

---

[1] 王爱芬：《浅析角色扮演法及其在学生心理发展中的意义》，《教育理论与实践》，2007 年第27 期。

二、角色扮演法的应用

(一)角色扮演的形式

角色扮演有很多种形式，例如：

1.模拟(Simulation)：即在一个特殊情境中，让学生自编、自导、自演一个可能发生或者通常要发生的情形。

2.再扮演(Reenactment)：就是让学生重新扮演一个真实的事件，同时加上冲突力度，突出比较关键的瞬间，使他们真切体会到冲突情境带来的影响。

3.预演(Rehearsal)：让学生扮演他们想要发生的练习的角色。例如，教师安排学生扮演售货员和购买者体验买卖的过程。

4.角色倒置(Inversion)：为了使学生更好地理解他人的反应和行为改变，转换他们的角色，如男生变成女生、老板变成职工、穷人变成地主等，帮助学生了解他人的观点和识别改变人际关系的杠杆作用点。

另外，根据学习内容的不同可以采用哑剧、木偶剧和空椅法、角色辩论会等形式。

(二)角色扮演教学组织程序

美国著名教育学者乔治·谢夫特和范尼·谢夫特(G.Shaftel&F.Shaftel，1967)将角色扮演分为9个步骤。本书将其归为准备、演绎、结论三个阶段：

1.准备阶段

(1)热身。教师选好主题后将事先收集好的资料(如基本观点、背景信息、事实材料等)分发给学生，给学生充分的时间准备。热身可以安排为课前的预习作业，也可以安排在上课初始作为新课引入。

(2)挑选参与者。教师要让学生自己主动挑选自己想要扮演的角色，还要鼓励学生担任不同的角色。这里的"参与者"其实是角色扮演的主角，即背景知识中所设立的角色。教师还要指定角色以外的其他职能的学生，如主持人、激励者、记录员等。

(3)任命观察员。"主角"以外的其他参与者都叫"观察员"。他的参与主体是学生观众。不过这里的"观众"有些特别，因为他们同时也在充当(扮演)一定的角色，并随时与"主角"保持着直接的互动关系。

(4)设置舞台。这里包括座位摆放、文具、道具或与环境相关的化妆与布置。如学校举行的学生模拟法庭活动，就可以借用全套道具，包括服装，任何细节的装饰都不放过，效果当然会很好。

2.演绎阶段

(1)扮演。这个步骤是讲各个角色的运作。在此有一个非常重要的问题需要解决，那就是：谁先说、谁后说。不能大家同时说，乱哄哄、一团糟；也不能大家都不说，导致冷场。这里就必须要有主持人、鼓励者或纪律员等角色来调控场面，这就是为什么除了"主角"以外，还需要其他角色同时存在的原因。各个角色相互牵制、相互督促，大家各司其职，确保扮演的过程公平有序进行。

(2)讨论与评价。角色扮演教学中的讨论与评价，它包括对已经在扮演中呈现出来的论点与立场进行分析、补充、取舍、融合、表决等。并尝试初步达成某些共识的可能性。"讨论与评价"通常在"扮演"的进行中已自然地交替进行，并不明显地表现为先后分开进行的两个步骤。

(3)再扮演。再扮演包括两个层面的意思。一是矛盾解决的层面，通过上面的"讨论与评价"的步骤，各主角们在教师或其他人的帮助下总结出经验和看法，调整策略，展开新一轮的尝试，而前面一轮的扮演只是初试锋芒，感受矛盾的冲突；另一个是换位思考的层面，通过一轮扮演以后，各主角们交换角色，开始新的一轮扮演。这样做更有利于"换位思考"习惯的养成。笔者认为"再扮演"这个步骤并不是每个角色扮演教学的个案所必须的，应根据教学灵活筛选。

(4)再讨论与评价。如果教师选择了"再扮演"这个步骤，就自然会产生"再讨论与评价"步骤。它是依附于"再扮演"步骤的可选步骤。

3.结论阶段

共享经验与概况。通俗地说就是总结与归纳，也是任何课堂教学形式中最常见与必要的步骤，不管教师采用什么教学模式与方法，都会很重视这个环节。常见的做法，可能是教师主动地把本节课的知识要点与技能、技法加以提炼与板书罗列。而角色扮演教学的总结与归纳不是这样，它是把各个角色呈现出来的观念与立场，如果趋同，加以整合；如果相悖，就用公平的方式(集体表决)而扬弃或者干脆暂时不置可否，求同存异。"结论阶段"可能形成大家公允的结论或者叫做共识，称之为"解决方案"。常有不能形成共同的解决方案的个案，但并不能说这种教学就是失败的，要知道"分享"与"经验"正是人生中极为宝贵的两样东西，乃教育的真谛所在。"共享"与"互动"的教学活动，促进了学生的发展，而这种"课堂教学活动发展是一种学生的整合的人格的全面发展"。[1]这种教育理

---

[1]　谢利民、郑百伟：《现代教学基础理论》，上海教育出版社，2003年版，第30页。

念，体现在角色扮演教学模式中，就是"过程"是第一位的，而"结果"是次要的。

(三)运用角色扮演法应注意的问题

1.要选用合适的问题情境，同时每次演出的时间不宜过长。一般角色扮演进行3—6分钟就足以展开讨论。

2.角色扮演应由学生自愿参加演出，也可以推荐经验丰富者参加演出，但切不可强迫学生进行表演。

3.教师在运用角色扮演法时一定要密切关注表演中出现的问题，如学生间的争吵、人身攻击以及学生表演困难等。

4.讨论结束后，教师可以引导学生角色倒置，更换角色、改变背景或者对接下来可能发生的情境进行再扮演。

5.如果是初次在班级里实施角色扮演教学，教师应选择题材简单、过程简化的方式让学生尽快熟悉和适应这种教学方法。

6.角色扮演不是万能教学法，不可滥用。所以在实施前，首先要确定所辅导的目的用角色扮演法是否得当，是不是还有更好的办法来达到教学目的。

案例4—6　角色扮演法应用实例[1]

在讲解楚汉之争时，分别让不同的学生扮演项羽、刘邦、张良、范增、项庄、樊哙、项伯，模拟鸿门宴。项羽、项伯面向东，张良面向西陪坐，范增面向南，刘邦面向北，范增举起所佩带的玉块向项羽示意多次，项羽没有反应，范增

---

[1] 陈敬秋. 论中学历史教学中自强不息意识的培养 [D]. 山东师范大学硕士学位论文，2011.

站起来，出去召来项庄，项庄就进去祝酒。祝酒完了，说："君王和沛公饮酒，军营里没有什么可以用来娱乐的，请让我舞剑助兴吧。"项羽说："好。"项庄就拔出剑舞起来，意在杀掉刘邦。被刘邦收买的项伯也拔出剑舞起来，并常常用自己的身体，掩护刘邦，项庄终于得不到机会刺杀刘邦。于是张良到军门外去见樊哙，樊哙就进去了，瞪眼看着项羽，项羽让人赏给他酒和肉，樊哙说："我死尚且不怕，一杯酒又哪里值得推辞！……"刘邦起身上厕所，顺便招呼樊哙一道出去，抄小路溜走了，叫张良留下向项羽辞谢。范增把张良献的玉杯，丢在地上，说："唉！这小子不值得和他共谋大业！夺走项王天下的一定是沛公。我们这些人就要被他俘虏了！"情景剧演完后，教师要让学生明白，鸿门宴是一场暗含着杀机的动荡起伏的场景，由于项羽实力雄厚，拥兵40万，项羽完全被胜利冲昏了头脑，缺少锲而不舍的进取意识，安于暂时的强大，蔽塞了他应有的理智与聪明，轻而易举地放走了自己送上门来的强大敌人。而刘邦虽然当时实力赶不上项羽，只有10万人，但他处处谨小慎微，不仅善于用人，而且考虑问题周到，因此，刘邦最后战胜了项羽。

案例4-7　经济生活中影响价格的因素[1]

在新课讲解之前，教师就让同学们做好准备，下课后去学校门口的市场了解一下情况，并作好材料的记录。讲解新课时，作为教师，给学生作好分工，分成若干小组，由A小组来担当卖者的角色，由B小组担当买者的角色，但出售的商品是学生手头都有的书笔等相关物品，作为买者还要准备一些货币。然后教师宣布

---

[1]　谢六玲：《思想政治课课堂激趣法略探》，《学校党建与思想教育》，2011年第12期。

活动开始，学生积极参与的同时，教师要给予必要的引导，并且要组织好课堂，避免出现混乱的情形。活动结束后，由各组学生代表发言，学生发言结束后，教师要对学生的参与情况和学生表现给予点评，并作总结发言。

参考文献

1.傅道春.教育学——情境与原理[M].北京：教育科学出版社，1999年版。

2.吴效锋.新课程怎样教Ⅱ——课堂教学问题与对策[M].沈阳：辽宁大学出版社，2005年版。

3.臧克和、王平校.说文解字新订[M].北京：中华书局，2002年版。

4.王策三.教学论稿[M].北京：人民教育出版社，1985年版。

5.王本陆.课程与教学论[M].北京：高等教育出版社，2004年版。

6.冯建军.现代教育学基础[M].南京：南京师范大学出版社，2003版。

7.上海师范大学编.教育学[M].北京：人民教育出版社，1979年版。

8.王道俊、王汉澜.教育学[M].北京：人民教育出版社，1999年版。

9.李秉德.教学论[M].北京：人民教育出版社，1991年版。

10.黄济等.小学教育学[M].北京：人民教育出版社，2007年版。

11.陈琦等.当代教育心理学[M].北京：北京师范大学出版社，2007年版。

12.李红.现代心理学[M].成都：四川出版社，2009年版。

13.张乐天.教育学[M].北京：高等教育出版社，2007年版。

14.顾明远、孟繁华.国际教育新理念[M].海口：海南出版社，2001年版。

15.杨九俊、吴永军.学习方式的变革[M].南京：江苏教育出版社，2006年版。

16.钟启泉等.为了中华民族的复兴，为了每位学生的发展[M].上海：华东师范大学出版社，2001年版。

17.周小山.教师教学究竟靠什么——谈新课程的教学观[M].北京：北京大学出版社，2002年版。

18.钟启泉.新课程师资培训精要[M].北京：北京大学出版社，2002年版。

19.周小山.怎样引导学生习得新的教学方式[M].长春：东北师范大学出版社，2005年版。

20.周小山、严先元.新课程的课堂教学是什么样子[M].长春：东北师范大学出版社，2006年版。

21.吴云鹏.教育学综合案例教学[M].北京：中国人民大学出版社，2010年版。

22.钟启泉、崔允漷.新课程的理念与创新——师范生读本[M].北京：高等教育出版社，2004年版。

23.李远蓉、朱霞等.物理探究式教学设计与案例分析[M].北京：高等教育出版社，2003年版。

24.王坦.合作学习的理念与实施[M].北京：中国人事出版社，2002年版。

25.王卓、杨建云.合作学习———一种教学策略的研究[M].沈阳：辽宁师范大学出版社，2006年版。

26.沈律民.教师的课程意识与专业成长[M].杭州：浙江大学出版社，2009年版。

27.王坦.合作学习——原理与策略[M].北京：学苑出版社，2001年版。

28.郑金洲.合作学习[M].福州：福建教育出版社，2005版。

29.盛群力、金伟民.个性优化教育的探索[M].北京：人民教育出版社，1996

年版。

30.大卫.W.约翰逊等.合作性学习ABC[M].上海：上海科学普及出版社，2006年版。

31.乔伊斯.P.高尔等.教育研究方法实用指南[M].北京：北京大学出版社，2007年版。

32.中国社会科学院语言研究所词典编辑室.现代汉语辞典[M].北京：商务印书馆1978年版。

33.夏征农.辞海[M].上海：上海辞书出版社，2000年版。

34.顾明远.教育大辞典[M].上海：上海教育出版社，1999年版。

35.李吉林.小学语文情境教学[M].南京：江苏教育出版社，1996年版。

36.陈堂君、赵天珍.教法研究与示例[M].武汉：长江文艺出版社，2000年版。

37.王苏、王圣安.认知心理学[M].北京：北京大学出版社，2003年版。

38.李建平.走出串讲串问的模式[J].中国教育报,1999-6-3.

39.凯洛夫.教育学[M].北京：人民教育出版社，1953年版。

40.苏步青等.中学百科全书:教育学、心理学卷[M].上海：华东师范大学出版社，1994年版。

41.靳乃铮.启发式教学[M].西安：陕西人民出版社，1984年版。

42.李如密.教学艺术论[M].济南：山东教育出版社，1995年版。

43.郑金洲.案例教学指南[M].上海：华东师范大学出版社，2000年版。

44.邵瑞珍.教育心理学[M].上海：上海教育出版社，1997年版。

45.欧阳文珍.品德心理学[M].合肥：安徽大学出版社，2005年版。

46.谢利民、郑百伟.现代教学基础理论[M].上海：上海教育出版社，2003年版。

47.靳玉乐.探究教学的学习与辅导[M].北京：中国人事出版社，2003年版。

48.任长松.探究式学习——学生知识的自主建构[M].北京：教育科学出版社，2005年版。

49.李吉林.情境教学的理论与实践[M].北京：人民教育出版社，1996年版。

50.靳乃铮.启发式教学[M].西安：陕西人民出版社，1984年版。

51.袁振国.教育原理[M].上海：华东师范大学出版社，2001年版。

52.季震：现代教学方法的基本特征[J].南通师范学院学报，2000.12

53.孙培青.中国教育史[M].上海：华东师范大学出版社，2000年版。